새로운 보편성을 창조하기

새로운 보편성을 창조하기

쑨거 지음
한윤아 옮김

일러두기

1. 이 책은 2018년 1월 28일 《불협화음의 하모니》(인사이드-아웃 미술관, 베이징) 전시의 연계 포럼에서 발표된 쑨거의 강연 「새로운 보편성을 창조하기」를 정리한 것이다. 포럼은 쑨거와 사카이 나오키의 대담 형식으로 진행되었으나 여기서는 쑨거의 강연만을 수록하고 있다.
2. 이 책에 실린 주석은 모두 옮긴이 주다.

새로운 보편성을 창조하기

먼저 좋은 자리를 마련해 주신 베이징 인사이드-아웃 미술관(Inside-Out Art Museum)에 감사드립니다. 진지하게 사유하는 젊은 친구들을 만날 수 있게 되고, 특히 오랜 친구 사카이 나오키(酒井直樹) 교수와 대화를 나눌 수 있는 기회를 주신 것에 대해 말입니다. 우리 두 사람이 중국에서 이런 행사에 참석한 것은 사실 처음입니다. 일본과 미국에서 비슷한 대화를 나눈 적이 있지만, 오늘의 행사는 훨씬 다른 의미로 다가옵니다. 나도 개최국의 한 사람이기 때문입니다.

    나와 사카이 교수는 오늘 주제에 관한 아이디어를 미리 교환하지 않아 서로의 강의 내용을 몰랐습니다. 그러나 방금 그의 강연을 들은 후 매우 흥분했습니다. 우리 두 사람이 말한 내용이 겹치진 않았지만, 같은 문제의식을 공유한다는 것을 발견했기 때문입니다. 사카이 교수는 인식론의 중요한 문제를 다룹니다. 즉 세계 학술계가 인간과 세계를 인식하는 방식이 어떻게 유럽중심주의라는 기본적 사고에 의해 만들어졌는지, 아시아 지식인들은 이런 틀의 구속을 얼마나 무비판적으로 받아들이고 있는지에 대해 말입니다. 사카이 교수는 한 젊은 친구의 첫 번째 질문에 대해 다음과 같은 예를 들며 응답했습니다. 철학자 에드문트 후설(Edmund Husserl)은 유럽에서 점점 떠오르던 인종주의와 나치주의에 저항했지만, 그의 저항은 여전히 유럽중심주의의 틀 안에 놓여 있다고 말입니다. 오늘날 (북미를 포함한) 서구 세계 비판적 지식인들이 유럽-미국중심주의에 대해 비판하고 반성할 때에도, 어느 정도는 합의된 어떤 틀 안에서 발언할 수밖에 없는 것이 그들의 숙명이라 생각합니다.

사카이 교수는 이 틀을 깨는 데 주력해온 분입니다. 그런 그가 강연 마지막에 오늘날 유럽과 아시아를 구별하는 일은 더는 무의미하다는 결론을 내렸습니다. 그의 진정한 화두는 유럽중심주의가 수 세기 동안 우리를 위압해온 전제를 뒤집기 위해서 먼저 유럽, 아시아와 같은 인종에 기반한 분류를 없애야 한다는 통찰이라 믿습니다. 사카이 교수의 전략을 공감하고 지지하는 한편 다른 접근을 제안하고자 합니다. 표면적으로 이 방식은 사카이 교수가 제기한 문제의식과 반대되는 것으로 보일 수 있습니다. 나는 개념적 존재로서 아시아의 필요성을 강조하고 싶습니다. 이어서 우리의 성찰은 다음과 같은 문제로 넘어갑니다. 인류 역사의 새로운 국면을 만들기 위해 우리는 아시아 역사 경험에 대한 내부의 이해를 꺼내올 필요가 있다는 점입니다. 그러나 '아시아인'이라는 민족 감각을 대신하는 '아시아적' 사유 방식을 만들어야 합니다. '아시아적' 사유 방식이란 '아시아인'의 사고 양식을 말하는 것이 아니라, 실질적인 사고 양식과 차별화되는 성찰적 구조임을 밝히고자 합니다. 달리 말하면 유럽인, 아프리카인 및 미국인 모두 아시아 방식으로 사유할 수 있습니다. 그러나 동시에 나는 '아시아적' 사고는 시공을 초월한 논리 추론이 아니라 풍토의 산물임을 강조하고 싶습니다. 서구중심주의가 서구인의 특권은 아니지만 실제로는 서구의 근대 역사 과정의 산물이듯이, '아시아적' 사유 방식도 실체가 아니라 역사적 경험에 특정되어 있습니다. 이런 '아시아적' 사유를 진작시킴으로써 서구중심주의를 효과적으로 배격할 수 있다고 봅니다.

이제 두 가지 질문으로 넘어가겠습니다. 첫째, 보편성과 특수성의 관계에 대한 이론적 상상을 구축하는데 아시아의 역사적 자원을 어떻게 활용하느냐 하는 문제입니다. 두 번째는 아시아가 독자적 이론을 생산하고자 한다면 새로운 형식의 이론이 창조될 수 있는지입니다.

먼저 첫 번째 질문. 지금까지 보편성은 항상 자주 사용되는 용어 중 하나였습니다. 대학에서 젊은 학생들은 보편성을 학문의 전제로 훈련받습니다. 그뿐만 아니라 보편성은 학문의 평가 기준으로 전환되었습니다. 예를 들어, 좋은 학술 논문은 특수성에 대한 논의를 보편성으로 확장하여 선언해야 합니다. 다시 말해 보편성이 없는 사상은 가치 없는 것으로 여겨지며 기껏해야 임시 연구로 언급됩니다. 그러나 보편성 그 자체는 심각하게 질문된 적이 없습니다. 그 보편성이 무엇인지에 대한 진지한 성찰은 이루어지지 않았습니다.

중국 마오쩌둥 시대에 '세계 모든 지역에서 유효한 보편적 진리'에 대해 말하는 것이 유행했었는데, 그런 표현은 누구에게도 의심의 여지가 없었습니다. 오늘날에도 지식인들은 보편성을 이해하기 위해 같은 사고방식을 사용하고 있습니다. 보편성은 무엇입니까? 보편성은 대다수, 심지어 모든 특수성을 아우를 수 있는 하나의 보편 가치입니다. 자신의 연구가 보편성을 추구하지 않는다고 한다면 적어도 그 사람은 학계에 설 자리가 없을 것입니다. 그러나 모든 특수성을 포괄하는 것은 추상적일 수밖에 없습니다. 그것이 구체적이면 특수성과 구별할 수 없습니다. 그러므로 보편성은 논술 속에서 드러날 때 종종 일종의 이론으로써 이해되는데, 이는 사카이 교수가 특히 비판적으로 말한 서구 이론입니다. 아시아 학자들은 '이론은 서구에서, 경험은 아시아에서 나온다'라는 말에 공감해 왔습니다. 이러한 사유 방식 역시, 사카이 교수가 미국의 지역학 연구의 장에서 저항하고 있는 대상입니다.

    대학에서는 특수성에 해당하는 경험을 실증하기 위해 서구 이론의 보편성을 방법으로 삼아 논증하는 논문들이 대량 생산됩니다. 오늘날, 이 논문들은 대체로 독창성이 없는 것으로 판명되었습니다. 우리가 그러한 연구 수행 방식을 포기하고 이론의 보편성을 비판 없이 상정하는 습관을 버린다면, 다시 한번 이렇게 질문해야 합니다. 보편성은 다른 방식으로 나타날 수 있을까? 사실 누구도 보편성 속에 사는 이는 없습니다.

우리가 더 깊이 성찰한다면, 모든 사람이 특수성 속에서 살아가는 것을 알 수 있습니다. 이 점을 증명할 필요는 없을 것입니다. 누군가 '나는 보편적 인간이고 나의 모든 행동이 추상적 가치에 완벽하게 부합한다'고 말한다면, 당신의 첫 반응이 가능한 한 빨리 그에게서 달아나는 것이라 생각합니다. 그 사람이 거짓말을 한 게 아니더라도, 그는 적어도 개성이 없고 너무나 지루하며 심지어 가증스러운 사람일 테니까요.

    1950년대 말 즈음 미국 지리학자들 사이에서 토론이 있었습니다. 당시 과학 이데올로기는 여전히 강했고, 각각의 학문은 법과 규칙을 찾고 있었습니다. 그때 뜨거웠던 주제는 다음과 같았습니다. 지리학자들이 지역 연구를 수행할 때, 모든 지역이 공유하는 지리적 특징을 수집해야 하는지 아니면 각 지역의 독특한 상태에 초점을 두어야 하는지의 여부입니다. 토론은 매우 흥미로운 결론으로 이어졌습니다. 첫째, 지리학자들은 편재하는 규칙을 연구하는 것이 그저 지리학 연구의 기초 단계일 뿐이라는 합의를 끌어냈습니다. 왜냐하면, 그런 연구는 아주 적은 정보만을 줄 뿐 지리학자의 호기심을 거의 충족시킬 수 없고, 가치가 크지 않기 때문입니다. 두 번째 결론은 지리학자들이 진짜 관심을 두는 건 잘 알려지지 않거나 드러나지 않았던 지형과 지리 특성이란 점입니다. 그런 특징을 연구해야 누구도 몰랐던 것을 찾아 새로운 지식을 형성할 수 있습니다. 문제는 특수한 상태는 반복될 수 없다는 것이죠. 그렇다면 지리학자는 자신이 연구한 지형과 지리 특성들을 지식이 없는 다른 사람들과 어떻게 공유할 수 있을까요? 다시 말해 특수성의 상태로 제현된 대상이 일반석 규칙으로 다듬어지거나 추상화되지 않은 채 여러 사람을 연결하는 고리가 될 수 있을까요? 이는 잠재적인 이론의 가능성을 묻는 말로 이어집니다. 보편성을 구성하는 다른 방법을 상상할 수 있는가의 문제 말입니다.

  미국 지리학자들은 이 논리를 결론으로 끌고 가지는 않았습니다. 그들에게 보편성과 특수성의 관계는 최대 관심사가 아니었기 때문입니다. 그러나 그들이 보편적 동질성의 가치에 의문을 품기 시작할 때 이미 한 발짝 앞으로 나아간 것입니다. 이 걸음은 유사성(similarity)에 대한 이론적 접근을 가능하게 했는데, 이때 유사성은 상동성(sameness) 또는 동질성(homogeneity)과는 다릅니다. 미국의 지리학자 리처드 하트숀(Richard Hartshorne)은 유사성에 대해 흥미로운 정의를 내려 우리의 관습적인 지적 감각을 흔든 일이 있었습니다. 그는 '유사성이란 서로 비슷한 지엽적인 부분을 쳐낸 후 남은 주요 차이'라고 말했습니다. 그러면서 가장 뛰어난 지리학 성과란 온 우주를 아우르는 거시적인 것이 아니라 그러한 특수성들 사이에 내재한 유사성을 밝혀낼 수 있는 사례 연구여야 한다고 주장합니다.

우리가 이러한 각도로 생각을 추진해 나가려 할 때, 그의 발언은 실마리가 되어줍니다. 구체적으로 말해봅시다. 보편성이 반드시 추상적 가치여야 한다고 생각하지 않는다면 우리는 유사성, 즉 차이를 의미하는 그것을 탐구함으로써 다른 보편성에 이를 수 있을 것입니다.

그러나 문제는 이 단계에 도달하더라도 아직 허공에 있는 상태로, 제대로 단단히 정착할 기반을 만들어야 합니다. 여러 특수성들 사이에서 유사성이라 불리는 '차이'를 발견했을 때, 우리는 다음의 연구 대상도 주목하게 됩니다. 특징 대부분이 다른데 특정 부분을 공유하는 대상들 말입니다. 양적으로 보면 비교할 대상의 수는 최소 둘 이상이어야 합니다. 우리는 보편성과 특수성이 항상 대립하는 두 범주로 취급됨을 알고 있습니다. 철학자들은 이 문제가 더 추진될 수 있도록 하려고 개별성(individuality)이라는 또 다른 범주를 발명하기도 했습니다. 개별성은 특수성으로부터 보편성을 추출하는 데 사용됩니다. 그리고 이렇게 말하곤 합니다. 보편적 가치로 추상화될 수 있는 특수성은 개별성이고, 추상화에 저항하는 배타적 특수성은 특수성에 지나지 않는다고 말입니다. 따라서 비판적 지식인들의 장에서는, 특수성은 종종 문화적 보수주의 혹은 사카이 교수가 비판한 배타적 인종주의와 결합되어서 사용됩니다. 그러한 특수성의 근본 논리는 이렇습니다. 우리 문화는 특수하므로 이해될 수 없고, 다른 문화와 공유할 수 있는 보편적인 요소로 추상화될 수 없기에 배타적일 수밖에 없다고 말입니다. 이렇다면 문화상대주의도 문제가 될 수 있습니다. 각각의 문화가 상대적인 만큼 다른 문화를 침범하지 않으니 서로 간섭할 필요가 없다는 말로 귀결됩니다. 특수성과 상대주의를 강조하면 정치적으로 올바르지 않은 듯 보일 때가 있었는데, 그런 입장이 보편성의 세계관에 반하는 것이기 때문입니다. 사실, 문제는 특수성도 상대주의도 아닙니다. 보편성과 특수성을 대립 개념으로 여기는 사고가 문제입니다. 충분한 논의 없이 보편성에 높은 가치를 부여해 모든 것을 포괄하는 추상적 가치로 해석해왔기 때문입니다.

그러나 세계에는 특수성이 풍부하지만, 보편성은 이성적 사유의 산물로 경험적 현실 세계에서는 존재하지 않습니다. 특수성은 지워지지 않습니다. 그래서 바로 앞서 말했던 것처럼, 누군가 '나는 보편적 사람이다'라고 했을 때의 반응이 이렇게 연결될 수 있습니다. 그가 미쳤거나 다른 속셈이 있다고 말입니다. 보편적 인간은 존재하지 않기 때문입니다. 그것은 정신의 산물이며 감각으로 지각되지 않습니다. 우리가 보는 건 특수하고 구체적인 사람입니다. 더욱이 우리는 개성 있는 사람들을 좋아하는 경향이 있는데, 개성이란 말은 독특한 '특수성'을 가리킵니다.

물론 특수성에서 공통 요소를 추출해 동질성의

요소로 변환하는 것은 가치 있고 중요합니다. 이것을 개괄 능력이라고 합니다. 개괄 능력이 의사소통의 기본 요건이라는 점은 논증할 필요가 없습니다. 아주 특수한 구체적 경험을 표현할 때조차 요약하여 표현하는데, 이미 언어 자체가 개괄적 성격을 띠기 때문입니다. 그러나 이런 개괄이 보편적 가치가 되면 이는 패권적 서술을 형성하게 됩니다. 인류의 다양성으로부터 추출되어야 할 가치가, 세계 일부 지역에서 생산된 특정 가치로 슬그머니 대체되며 모든 인류에게 유효한 가치로 무한히 증폭되기 때문입니다. 유럽중심주의의 경우도 그러합니다. 이는 사카이 교수가 앞서 이야기한 바 '이론을 가진 유럽, 가지지 않은 아시아'로 묘사된 당대 지식의 실상으로 드러납니다. 그러한 현실을 맞닥뜨리면 우리는 인간 정신의 특정 산물에 불과한 유럽 이론이 보편 가치로 변모했음을 알게 됩니다. 역시 인간 정신의 산물인 아시아 이론은 유럽 이론과 형태가 다르다는 이유로 이론으로 간주하지 않습니다. 이 점은 두 번째 질문에서 자세히 논의될 것입니다.

적어도 19세기 말부터 아시아 국가들은 폭력적인 과정을 거쳤고 2차대전 이후 서유럽 및 미국에 의한 내재화가 완성되었습니다. 내재화 과정에는 식민 지배와 물질적 수탈은 물론, 동시에 지식의 식민지화가 수반되었습니다. 이는 '아시아'라는 단어조차 원래 유럽인이 아시아인에게 준 선물이라는 사실로 가장 잘 나타납니다. 다만 이러한 과정에서 아시아의 각 지역이 주체적으로 각성하기 시작하며 국면이 전환됩니다. 내재화된 서구의 여러 가치 중, 특히 긍정적 가치를 아시아의 여러 민족이 주도적으로 가져와 자신들의 사상 무기로 탈바꿈시킵니다. 이 과정은 매우 복잡한 양상으로 하나의 실체로 구별하기 어렵습니다. 이때 이루어진 내재화는 유럽과 미국의 영향이 일방적으로 아시아로 침투한 것이 아니라 양자의 상호 소통의 과정으로, 서유럽과 미국 등 식민 종주국이 이전에는 경험해보지 못했던 것이었습니다. 그러므로 보편성의 문제를 재고하는 것은 아시아만의 독특한 과제로, 유럽 및 미국과는 공유할 수 없는 주제입니다. 왜 그럴까요? 세계의 여러 대륙 가운데 단일체로 상상할 수 없는 곳은 아시아가 유일하기 때문입니다. 물론 유럽 내에서도 다양성이 있습니다. 동유럽, 심지어 러시아까지 그

범위에 들어갈 때 특히 그렇습니다. 그러나 실제로 유럽이 응집력 있는 공동체가 아니더라도, 그렇게 상상될 수 있는 조건을 가지고 있습니다. 유럽은 기본적으로 그리스 문명이 지배하고 있다는 점으로, 많은 종류의 문명이 공존하는 아시아와는 아주 다릅니다. 아시아는 적어도 세 문명권 즉 이슬람, 불교, 유교의 문명권으로 나뉩니다. 이슬람은 여러 유파로 나뉘어 복잡한 구조를 가집니다. 인도의 지배적인 종교는 힌두교인 만큼 불교보다 힌두 문명이 주도합니다. 반면 불교는 인도 이외의 지역에서 더 많은 신자가 있고 광대한 영토를 차지합니다. 세 가지 문명권의 병존은 기본으로 주어졌으며, 유럽에서처럼 단일한 서사의 기초를 형성하기 위해 어떤 식으로든 통합되는 것은 어렵습니다.

사카이 교수는 아주 흥미로운 사례를 언급한 바 있습니다. 1930년대에 일본 군국주의자들이 대동아공영권을 추진할 때, 이것이 단일 종족 체제에 근거한 방식으로 실현될 수 없음을 처음부터 알고 있었다고 말입니다. 그래서 일본이 일찌감치 이슬람 문명 연구소를 설립했음을 상기시킵니다. 실제로 그들의 이슬람 연구는 중국 서북 지역 정복 계획과 관련됩니다. 일본 군국주의자들은 단일한 천황제 이데올로기로는 아시아의 다양한 종족을 통합할 수 없다는 것을 분명히 이해하고 있었습니다.

그러나 이 사례가 일본 정부가 아시아의 다양성을 존중했다는 의미로 볼 수는 없습니다. 다른 여러 종족들에 관한 연구는 궁극적으로 일본의 국익을 수호한다는 하나의 목표에 따른 것입니다. 일본 정부는 유럽의 나치 정권과 비교했을 때 종족에 대해 다르게 이해하고 행동하긴 했습니다. 그러나 다양성과 단일성의 관계에 대한 일본과 나치의 이해는 근본적으로 같다고 할 수 있습니다. 일본이 현실에서 다양성을 관찰했고 심지어 배려했음에도 불구하고, 그들은 결국 다양성 위에 유아독존의 단일성을 두었기 때문입니다.

제2차 세계대전이 끝나자 아시아 전역의 옛 식민지들에서는 일련의 독립운동이 일어나 1955년 아시아-아프리카 회의(반둥회의)에서 정점을 찍습니다. 그러나 모든 민족 국가의 일률적 평등을 제안한 반둥회의는 새로운 국제 질서를 효과적으로 수립하는 데 성공하진 못했습니다. 사실 이 문제는 아시아 지식인들에게 오랫동안 우려와 경각심을 불러왔습니다. 이를테면 1950년 인도 총리 네루는 아시아-태평양 지역학 연례 대회에서 다음의 기조연설을 한 적이 있습니다.

> "내셔널리즘은 양날의 칼입니다. 우리가 독립하지 않았을 때는 독립 추구를 돕는 좋은 것이지만, 독립 후에는 대외 팽창의 에너지로 변형될 수 있습니다."

우리는 여전히 인류가 해결해야 할 문제에 직면해 있습니다. 실제로 아시아와 아프리카의 독립운동들이 많은 성공을 거두면서, 우리는 옛 유럽-미국의 보편성을 대체하려는 새로운 보편성의 서사가 증가하는 것을 볼 수 있습니다. 한때 미국 학계에서는, 백인들은 특수성을 이야기하고 마이너리티는 보편성에 관심을 기울인다는 우스갯소리를 했다고 들었습니다.

그러나 기존의 패권 국가를 대체하는 새로운 인종이나 새로운 지역은 대안이 아니며, 그저 새로운 힘으로 낡은 목적을 달성하려는 것에 불과합니다.

그러므로 유럽과 미국의 헤게모니를 새로운 패권으로 자리바꿈하려는 보편성의 상상력은 문제가 있다고 생각됩니다.

어쩌면 오늘날 역사적 상황은 다른 보편적 가치를 만드는 시도를 해야 할 때인지 모릅니다. 여기서 나는 상상이 아닌 가치에 관해 이야기합니다. 기존의 단일하고 추상적인 보편 가치는 사실상 서구의 특수성을 증폭시켜 모든 인류에게 부과한 것입니다. 역사의 패권적 관계로 인해 이러한 보편 가치는 최고의 지위로 격상되었습니다. 그러므로 새로운 보편적 가치를 구성할 때, 우선 기존 보편성에 대한 상상을 상대화해야 합니다. 기존 보편성은 특정 역사 단계의 산물로써 역사에 공헌했기에 그것을 부정하고 싶지 않습니다. 그러나 그것의 한계와 헤게모니, 심지어 현실적 해악도 뚜렷합니다. 그러므로 새로운 보편성은 단일한 보편성을 대체하는 목적이 되어선 안 되며, 다른 보편성의 구성을 생각하기 전에 현존하는 상상을 상대적인 것으로 만들 필요가 있습니다.

나의 상상 속에서 새로운 보편성은 불완전한 매개체로서, 반드시 다른 특수성에 의지해야만 그 의미를 얻게 됩니다. 간단히 말해서 두 가지 특수성은 만났을 때 서로 복제하거나 이식할 수 없고 그들 둘 다 오로지 그 자신에게만 속한 특별한 부분을 가지고 있습니다. 그러나 그들은 동시에 서로 이해할 수 있는 차이도 가지고 있는데, 이는 유사성입니다. 이러한 상황에서 보편성이라는 매개를 통해, 다시 말해 이해할 수 있는 차이를 통해 우리는 특수성의 영역에 들어가려고 노력합니다. 이것이 보편성의 기능입니다. 다른 방식으로 말하면 보편성은, 우리를 특수성으로부터 분리하는 대신 그러한 특수성을 이해할 수 있도록 우리를 다른 특수성으로 이끄는 도구일 뿐입니다. 그러므로 보편성은 궁극의 종착지가 아니라 매개체로서, 특수성에 힘입어 의미를 얻을 수 있는 사고의 계기인 것입니다. 여기서 강조하고 싶은 건 매개체 혹은 계기는 특수성에 의존해야만 온전한 의미를 얻을 수 있지만, 또 없어서는 안 될 필수 불가결의 요소라는 점입니다. 보편성을 특수성에 진입하는 매개체로 생각할 때 보편성의 중요한 기능은 특수성을 개방시키는 열쇠의 역할을 합니다. 이를 통해 특수성의 주장과 배타적 상대주의의 태도를 구별할 수 있게 됩니다.

　　　이런 논법은 좀 추상적이므로 개인적인 경험을 예로 하나 들어보려 합니다.

　　　예전에 독일 하이델베르크에서 강의하며 1년 정도를 머물렀습니다. 하이델베르크는 인구가 많지 않은 작은 도시로 시내에 있지 않은 한 길에서 사람이 마주칠 일이 별로 없습니다. 서유럽의 어떤 나라들은 보도 위에 자전거길과 보행자 길이 분리되어 있는데 독일도 그랬습니다. 어느 날 아침 길을 걷다가 실수로 자전거 길로 들어섰는데, 거리가 텅 비어 있어서 내가 잘못된 길로 가고 있는 것을 전혀 알아채지 못했습니다.

　　　그때 자전거 한 대가 내 뒤에 다가오고 있었습니다. 자전거 운전자는 자전거길을 걷고 있는 나를 보고 매우 불쾌해했습니다. 그는 자전거 벨을 울리며 나에게 큰소리로 항의했습니다. 사실 그 자전거 길은 매우 넓어서 그가 지나가기에 충분했습니다. 가령 그가 중국인이있다면 전혀 개의치 않았을 것입니다. 여기 있는 청중들이 이를 독일인이 중국인을 인종차별 한 사례라며 기계적으로 비판하지 않기를 바랍니다.[1] 사실 독일인들 사이에서도 이런 일이 벌어졌을 때 비슷한 반응을 보이곤 합니다.

    위의 이야기는 독일인의 일상생활에서 '규칙'의 기능을 설명하는 데 약간 극단적인 예일 수 있습니다. 그러나 대부분의 독일인은 사회생활의 규칙을 소중하게 여기며, 아무도 주시하지 않는 특정 상황이라도 습관적으로 규칙을 준수합니다. 물론 모든 독일인이 다 같지는 않지만 그러한 행동 양식은 하나의 사회적 분위기로 형성되어 있고, 탄탄한 기반을 이루고 있습니다.

    이 이야기를 바탕으로 이제 보편성에 대해 논의를 해볼 수 있습니다. 만약 내가 자전거길과 보행자길의 분선 규칙을 준수할 필요가 없다고 생각하는데 독일인이 나에게 화를 내고 있다면, 나는 불쾌하고 반감을 느꼈을 것입니다. 그렇다면 이것은 독일과 중국이라는 두 종류의 특수성이 서로 간의 배척을 표현한 것이 됩니다. 중국의 관습에 따르면 자동차 길로 걸은 것이 아닌 이상 교통 규칙을 위반한 것은 아닙니다. 게다가 넓은 거리엔 거의 아무도 없었기 때문에 나의 실수는 아무도 방해하지 않았습니다. 그러나 내가 이런 식으로만 생각한다면 보편성을 이야기하기 어려울 것입니다. 그래서 다른 추론 방법으로 전환해 봅니다. 독일인이 화를 낸 건 내가 보행자의 길을 막지 않아서 불편한가 아닌가의 문제는 아닙니다. 내가 규칙을 어겼기 때문이라 생각합니다. 어느 사회나 규칙이 있지만 각각의 사회 규칙은 다르게 기능하고 구현 방식이 다릅니다. 예를 들어 중국에도 교통 신호를 따르고 자동차 운전자가 보행자에게 길을 양보하는 등의 규칙이 이미 존재하고 대다수가 규칙을 준수하고 있습니다. 그러나 규칙을 최우선하는 사회 풍조는 형성되지 않았습니다. 우리가 무엇을 할 때 첫 번째 고려 사항은 규칙이 아니라 우리가 처한 현실 상황입니다. 길을 건널 때는 동태적 균형에 의존합니다. 보행자, 차량 및 전동 자전거들이 서로를 위한 공간을 남겨 두었다면, 관련된 규칙을 위반하였더라도 비난하지 않습니다. 중국인의 입장에서 보면 사고가 나지 않는 한 규칙을 지키지 않은 것은 상관없습니다. 한 일본인 친구가 이렇게 말한 적이 있습니다. 길을 건널 때 중국인은 사람과 차량을 보고, 일본인은 신호등을 본다고 말입니다. 방금 이야기한 독일인의 예는 이를 더 전형적으로 보여줍니다.

이제 주제로 돌아갑시다. 규칙을 절대시하는 독일인, 규칙을 전제하지 않는 중국인의 사회적 기풍에 관해 이야기했습니다. '규칙'을 매개 삼아 둘을 함께 논의할 때 '규칙'은 보편성입니다. 그러나 우리는 독일인과 중국인이 교통법규에 대해 다르게 지각한다는 점을 빼놓고 토론할 수 없습니다. 다시 말해 두 문화 안에 규칙이 차지하는 다른 위치를 언급하지 않은 채, 추상적으로 그 개념만을 떼어서 논의할 수 없습니다. 그렇게 하면 개념의 의미는 공허해지며, 보편성은 불완전하게 됩니다. 위의 예에서 서로 다른 문화들 안에서 규칙의 '유사성' 즉 차이를 볼 수 있었습니다. 그러한 차이를 찾아내야만 독일과 중국 사회에서 '규칙'의 완전한 의미를 파악할 수 있습니다. 우리는 '규칙'이라는 매개를 통해 마침내 차이 자체의 함의에 도달하게 됩니다.

그러나 문제는 아직 절반밖에 이야기하지 못했습니다. 독일인들이 규칙을 절대적으로 대하는 문화는 세계적으로 높게 인정받지만, 규칙에 구애받지 않는 중국인의 인식은 긍정적으로 다루어지지 않는 것 같습니다. 중국인들을 자신을 포함, 규칙을 따르지 않는 것이 중국인의 체면을

깎는다고 생각하는 사람들은 모두가 규칙의 권위를 세우려 노력합니다. 이는 규칙에 대해 두 가지 태도를 보이면서도, 그것을 하나의 잣대로만 판단함을 의미합니다. 이런 상황에서 우리는 보편성이라는 매개를 통해 중국의 특수성으로 진입할 기회를 놓쳤을 뿐 아니라, 보편성의 기능을 은밀히 바꾸어 최고의 단일 추상적 가치로 변모시킨 셈입니다.

다음과 같이 생각해봅니다. 나와 그 독일인이 행동 양식에서 규칙에 대한 다른 태도를 보였을 때, 그가 화를 내며 항의한 진정한 이유를 이해할 필요가 있습니다. 내가 이런 방식으로 생각하려 할 때 차이는 나를 특정한 독일 문화로 이끕니다. 여기서부터 독일 역사와 현실을 이해하기 위한 여러 질문을 해볼 수 있고, 그렇게 함으로써 보편성이라는 매개를 통해 독일이라는 특수성으로 진입합니다. 이어서 중국의 특수성을 이해하기 위해서도 같은 과정이 필요합니다. 중국 사회는 규칙의 권위가 없습니다. 그러나 이는 중국에 규칙 자체가 없다는 것이 아니라, 규칙을 대하는 다른 집단 무의식이 있음을 의미합니다. 중국에서 규칙은 합의된 관습을 통해 더욱 유연하게 작동하고 있는데, 이를 통해 중국 사회가 겉으로는 혼란상으로 보임에도 불구하고 동태적 균형을 유지할 수 있는 이유입니다. 물론 중국에서 규칙은 너무 엉성하여서, 이런 동태적 균형 방식은 소모가 큽니다. 스스로 조절할 여지가 많다는 면에서 규칙이 절대적인 사회와는 완전히 다릅니다. 위법과 범죄 행위의 여지를 남기기도 하지만, 개인이 자유롭게 창출할 수 있는 여건이 마련되기도 합니다. 그러므로 단순히 중국의 난맥상을 '불완전한 규율 체제'에 기인한다고 여긴다면, 중국의 규칙 문화의 부정적인 영향에 대한 해법을 찾기 어려울 뿐 아니라 긍정적 효과도 발휘될 수 없습니다. 이는 독일의 사회 규칙의 틀을 증폭시켜 이를 저울질하는 유일한 기준으로 사용한 것입니다. 우리가 해야 할 일은 이미 설정된 '보편적' 단일 기준을 버리고 중국이라는 특수한 상황에 신중하게 들어가는 것입니다.

    사실 위의 예에서 일반적으로 사람들은 서로의 행동 논리를 이해하는 것이 어렵다는 것을 알 수 있습니다. 독일인이든 중국인이든 국적에 상관없이 더욱 일반적인 반응은 독일의 규칙 감각에 대한 동의 혹은 거부입니다. 그러나 중국인들이 왜 규칙을 절대 권위로 여기지 않느냐는 질문은 서구인뿐 아니라 중국인들 자신조차도 문제로 해석하지 않습니다. 이런 현상은 보편성에 대한 우리의 이해와 직결됩니다. 문제는, 사람들이 흔히 하나의 양식만이 완벽하다고 생각하고 이를 모방하거나 거부하곤 하는 것입니다. 모방은 단일 보편성이 요구하는 상태입니다. 오히려 식별해야 할 것은 거부하는 태도입니다. 강자는 항상 약자를 이해하려 들지 않습니다. 그런 이유로, 권력을 거부하거나 맞서는 것이 곧 다원성을 주장하는 것과 같다고 믿는 시각도 있습니다. 그러나 이러한 태도는 여전히 단일 보편성의 변종으로, 거부 그 자체를 절대화하며 다른 특수성을 봉합해버립니다. 앞서 말씀드렸지만, 우리가 추구하는 보편성은 초월적인 것이 아니라 특수성을 추구할 때 없어서는 안 될 매개체입니다. 그러므로 두 문화가 만났을 때 양자 중 누가 강하냐는 논의는 그만해야 합니다. 기존의 전제를 차단하고 서로의 논리에 대해 평등하게 접근하는 것을 보편성의 기본 특징으로 삼아야 합니다.

  이렇게 보편성의 다른 형태를 정의할 때 다음의

의심에 봉착하게 됩니다. 첫째, 특수성에 힘입어야 완전한 의미를 얻는 보편성은 추상화된 단일 보편성에 대한 대항인가? 둘째, 추상화되지 못하는 보편성이 이론으로서 지위를 얻을 수 있는가? 사실 나는 이미 여러 차례 다양한 상황에서 이런 질문을 맞닥뜨렸습니다.

    첫 번째 질문에 대한 대답은 간단합니다. 추상적 단일 보편성과 싸울 필요가 없습니다. 추상화는 인간 사유의 중요한 형식이기 때문에 그것을 완진히 부정하는 것은 의미가 없습니다. 그러나 추상화를 유일한 이론적 형태로 여기는 사유의 흐름에는 맞서야 합니다. 주의 깊게 살펴보면 이런 식의 절대화는 통상 일부 특수성을 절대 보편 가치로 추상화한 후에 다른 특수성에 응용하는 것입니다. 이는 문화적 헤게모니가 얽힌 문제로, 여기서 굳이 입증할 필요는 없습니다. 우리가 해야 할 일은 추상적 보편성을 보편성의 한 형태로 상대화하는 것입니다. 추상적 방식으로 보편성을 논의할 수 있지만 동시에 또 다른 방식으로도 논의할 수도 있음을 의미하며, 이는 실제로 '탈-가치화' 과정입니다. 여러 토론 방식들에는 위계가 없습니다. 결과적으로 다음의 질문이 이어집니다. 추상적 보편성을 부정하지 않는다면 그것이 오늘 이야기하는 특수성의 매개로서의 보편성과 어떻게 관계 맺는가?

이제 오늘 논의될 두 번째 문제, 아시아가 이론의 새로운 형태를 창조할 가능성이 있는지에 관해 이야기할 차례입니다. 소위 아시아에 이론이 없다는 말은, 아시아 지식인들이 형이상의 영역에서 문제를 토론하고 추상적으로 사유하는 데 능숙하지 않다는 의미가 있습니다. 그러나 이런 말은 보편성이 반드시 하나로 추상화되어야 한다는 생각과 같은 부류의 사고입니다. 보편성은 형이상의 것일 수도, 형이하의 것일 수도 있습니다. 그렇다면 아시아 지식인들은 이미 이러한 두 종류의 보편성 사이의 연관성을 만들어가는 작업을 해왔다고 할 수 있습니다.

여러분 대부분은 장자의 『제물론(齊物論)』을 알 것입니다. 단순히 제목을 읽었을 때 무엇을 유추할 수 있습니까? 아마도 제목의 의미를 다음과 같이 생각할 수 있습니다. 다양한 개별성을 다듬어 구존동이(求存同異)[2]를 추구하며, 마침내

'가지런한(齊)' 통합 상태를 만든다고 말입니다.
그러나 사실『제물론』은 사물의 불균일을
강조합니다. 세상의 만사만물은 동일한 기준을
적용할 수 없으므로 '정확함'은 중요하지 않습니다.
그러나 만물은 내재한 규칙을 가지고 있습니다.
그 원리는 상호의존하는 동시에 각자의 최선을
추구하는 것입니다. '각자의 최선을 추구하는'
상태는 결코 획일적이지 않으며 다양하여서,
같은 기준을 적용하며 취사선택 할 수 없습니다.
장자는 "무릇 위대한 도(道)는 이름 붙일 수 없고,
참된 변(辯)은 말로써 드러내지 않는다(大道不稱
大辯不言)"라고 했습니다. 하지만 여기에는 또
다른 층위의 의미가 있습니다. 즉 "각자 최선을
추구하는" 상태는 만사만물의 순환을 전제로
합니다.『제물론』에는 장주(莊周)의 나비 꿈에 관한
유명한 비유가 나오는데, 이는 만물이 순환하는
상태를 가리킵니다. 또한 "장주와 나비는 분명한
구별이 있다. 이를 일컬어 물화(物化)라고 한다."
라고 말합니다. 물화는 만물이 유동하다가 특정
시공간에서 구별되는 것에 불과하고, 분별되고
나면 사물의 불균일이 만물의 이치가 됩니다.

그러나 불균일한 사물들은 다시 유동하며 그 분별을 초월합니다. 분별을 초월하는 것이 곧 사물의 전화입니다. 그러한 초월이, 모든 것을 통일하거나 개별적인 것보다 우월한 것으로 이해해서는 안 됩니다. 사실 그것은 사물의 다양성을 존중함을 의미합니다. 장주에게 초월은 한마디로, 각자 주장하고, 자신의 판단을 절대적인 것으로 간주하려는 '시비(是非) 논쟁'에 의심을 던지는 것을 의미합니다. 다시 말해, 추상적 단일 '보편성'을 부과하는 관행을 의심하는 것입니다. 장자에게 있어 만약 어떠한 보편성이 있어야 한다면, 그것은 언어를 뛰어넘은 것입니다. 각자의 옳고 그름에 관한 논변이란 순환하는 만물의 본연을 감추는 행위일 뿐입니다.

    장자가 "무릇 위대한 도(道)는 이름을 붙일 수 없고, 참된 변(辯)은 말로써 드러내지 않는다."라고 말한 것은 추상적 단일 보편성에 해당합니다. 그것은 '공(空)'이며 '무(無)'입니다. 그러므로 일단 말로 하게 되면, 곧바로 분별되고 특수성을 가집니다. 그렇다면 구체적인 내용이 없이 말로 표현될 수 없는 "위대한 도"과 "참된 변"의 가치는 무엇입니까?

그 가치는 사물의 불균일한 상태를 긍정적으로
인정하는 데 있습니다. 이 점에 관해 일본의 사상가
다케우치 요시미(竹內好)는 보다 현대적으로
서술합니다.

다케우치 요시미는 1961년 「방법으로서의
아시아」라는 강연을 했습니다. 강연 후 누군가가
그에게 이렇게 질문했습니다.

> "전후 일본의 교육은 민주주의라는 이름으로
> 미국의 교육 제도를 수입한 것입니다.
> 그래서 일본의 현실에 부합하지 않는 부분이
> 있습니다. 실제 미국식 민주주의 제도
> 자체도 일본의 실정과 잘 맞지 않아 점점
> 모합신리(貌合神離)[3]의 모습이 나타나는 양상을
> 띠고 있습니다. 개인주의에 기초한 서구
> 민주주의 원칙이 일본의 현실에 적합한가요?
> 아시아 원리를 바탕으로 자체 교육 제도를
> 구축해야 하지 않을까요?"

안타깝게도 여기 있는 여러분 가운데 이러한 생각에
반대할 사람은 거의 없을 듯합니다. 사실 오늘날

중국도 비슷한 문제에 직면했습니다. 그러나 흥미로운 점은 다케우치 요시미가 이 의견에 간단히 동조하지 않았다는 것입니다. 그는 강연을 통해서 아시아가 서구를 모방만 하지 말고 스스로의 길을 가라고 강조했지만, 이 질문에 대해서는 다음과 같이 대답했습니다.

> "나는 인류의 유형에 차별이 있다고 생각하지 않습니다. 특히 현대로 올수록 세계의 공통 특성이 점점 두드러지게 강해지고, 사람들이 균질해지는 경향이 있습니다. 따라서 문화도 동등하다는 사실을 강조해야 합니다. 그러나 문화는 공중에 떠 있는 것이 아니라 사람의 일상생활에 스며들어 현실성을 얻습니다. 모든 인류에게 유익한 탁월한 가치만이 보편적이라고 할 수 있습니다. 그러나 서구는 문명의 갈등을 통해 세계의 균질화가 이루어진다는 아널드 J. 토인비(Arnold J. Toynbee) 사상만을 생산했다는 점에서 그 과제를 완수하기 어렵습니다. 자유와 평등과 같은 탁월한 가치는 백인 사회 내부의

가치일 뿐이었습니다. 그것을 세계 다른 지역에 추진하는 과정에는 폭력과 강탈이 수반되었습니다. 그러므로 서구가 창출한 우수한 가치를 인류에 공유하는 과정은 서구의 힘만으로는 이룰 수 없습니다. 이는 서구의 한계입니다. 그럼에도 불구하고 자유와 평등의 가치를 부정하거나 축소할 수도 없습니다. 우리는 아시아인으로서 서구가 생산한 가치를 모든 인류의 수준으로 끌어올릴 수 있는 능력이 있습니다. 이를 달성하려면 먼저 서구를 변혁해야 합니다. 변혁이란, 우리 자신의 주체성을 형성하면서 동시에 서구를 재구성하여 문화와 가치를 뒤바꾸는 것입니다. 이 과정에서 주체성은 사실상 하나의 방법이지만 그 실체는 존재하지 않습니다. 그래서 「방법으로서의 아시아」란 제목을 붙였습니다."

다케우치 요시미의 연설에는 많은 토론 거리가 있습니다. 여기서는 그중 하나, 인류의 유형과 문화가 동등하다고 말한 것에 대해서 논의하려고 합니다. 가치의 관점에서 인간은 동등하므로 생활의 발전단계가 낙후된 나라의 인간 가치를 판단해서는 안 된다는 의미입니다. 여기서 다케우치가 사용하는 동등함이라는 말은 아주 중요한데, 이 말은 추상화된 단일 보편성으로 기능합니다. 그러한 추상적 보편성이 기능하는 조건은 가치를 도출하는 전제가 될 때입니다. 그러나 인간과 여러 문화가 서로 동등한 가치임을 인정하는 것이 모두 동질성을 갖는다는 의미는 아니라는 것을 유의해야 합니다. 가치 사이에 위계가 없다고 해서 내용이 서로 같다는 의미 또한 아닙니다. 문화의 다양성을 인정해야 합니다. 다케우치는 현대적 언어로 장자와 일치하는 견해를 들려줍니다. 보편적 가치는 모든 인간에게 관철되어야 하지만 그 결과 모든 인류가 동등해진 건 아니었습니다. 따라서 동등은 구체적인 판단 기준이 아니라 태도입니다. 다시 말해 동질성과 달리 동등함은 내용이 없어서 "위대한 도(道)"라고 부를 수 있습니다. 다케우치 요시미는 토인비의 사상이 서구의 한계라고 서술한 바 있습니다. 토인비가 전개한 문명충돌론은 서구 근대를 유일하게 타당한 모델로 하여, 세계를 균질화하는 상상력을 바탕으로

한 실재적인 외적 충돌에 기초하고 있기 때문입니다. 다케우치는 인류의 훌륭한 가치가 어디서 생산되었느냐 하는 기원보다 어떻게 공유되는지가 더 중요하다고 강조했습니다. 바꾸어 말하면 인류의 훌륭한 가치는 소유의 개념으로 파악할 수 없습니다. 이를 달성하기 위해 우리는 두 가지 인식론적 걸림돌을 깨부수어야 합니다. 하나는 인류 역사를 선형 발전으로 간주하는 진화론적 사관입니다. 예컨대 단지 한 종류의 근대성만을 주장해서는 안 됩니다. 그러면 근대는 원래 이 개념을 발명한 사회의 '특허'가 되기 때문입니다. 마치 이러한 단일 표준에 부합하는 인류만이 진화의 첫차를 따라 잡을 수 있는 길을 달리고 있다는 의미가 됩니다. 그러므로 인류의 우수한 가치가 일부의 전유물이 되지 않도록, 선형적 역사라는 잠재 개념을 깨뜨려야 합니다. 다른 걸림돌은 여러 유형의 인류 사이의 동등함을 인정하지 않는 것입니다. 「방법으로서의 아시아」에서 다케우치 요시미는 중국인에 대한 일본인의 편견을 비판합니다. 차별은 여러 유형의 인류에 대한 가치적 평등을 부정하는 것입니다. 다른 유형의 인류들 사이에 위계를 구축하는 것은 선형적

역사관과 일맥상통합니다. 따라서 인류를 선진과
낙후로 구별하는 생각의 근본을 뿌리 뽑을 필요가
있습니다. 이런 두 가지 방해물이 사라지면 새로운
지평이 보일 것입니다. 그래서 다케우치 요시미는
일본 경제가 부상하고 있는 1960년대 초, 바로
일본 경제가 도약하기 시작하던 그 시점에 중국이
일본보다 더 현대적인 정신을 구현한다고 말할 만큼
대담했습니다. 이는 가치의 전복을 의미합니다.
두 가지 인식론적 걸림돌을 제거하기 위해서는
유럽이나 아시아를 하나의 실체로 보지 않는 지적
습관을 의식적으로 만들어야 합니다. 이러한 사고
습관이 형성되지 않으면 다케우치 요시미 연설의
청중과 같이 다음의 질문을 당연시하게 됩니다.
유럽과 미국이 현실적으로 패권을 갖고 있고, 그
헤게모니적 관계에 의거해 저개발 국가들에 그들의
생활 방식을 보급하고 있다면, 실상 받아들일 수밖에
없는 것 아닌가? 실제로 오늘날 학계의 통설은
이러한 사고방식에 동의하는 경향이 있습니다. 만약
'중국이 미국에 맞서 대항한다'라는 주장이 있다고
합시다. 이때 우리는 잠재적으로 두 개의 실체를
상정합니다. 여기에서부터 다케우치 요시미와

그에게 질문했던 청중의 차이를 이야기할 수 있습니다. 다케우치 요시미는 아시아 문명의 고유한 특성을 인정하면서도, 아시아를 실체로 간주하고 그 성격을 논의하는 것을 분명히 거부했습니다. 그리고 그는 주체성을 기능의 한 종류로 다루었기 때문에, 유동성과 개방성을 쥐고 논의할 수 있었습니다. 구체적으로 말하면 이러합니다. 다케우치 요시미는 아시아가 주체성을 단련해야 한다고 했지만, 주체성은 실체가 아니며 아시아는 고정된 '무엇'으로 보여져서는 안된다고 믿었습니다. 그것은 동태적 구조들의 집합이며, 끊임없는 자기 부정으로 주체성의 형성을 밀어붙이는 과정입니다. 그리고 이러한 과정을 통해 아시아가 서구가 도달하지 못한 인류의 가치를 실현할 수 있습니다. 다시 말해 폭력적인 세계 정복으로 대표되는 근대화 모델을 깨고 자유와 평등이라는 진정한 가치를 인류의 다양한 역사로 전환하는 데 도움을 줄 것입니다. 동시에 이 과정은 서구 사회의 '지역화', 즉 그것을 인간 사회의 표준이 아닌 일부로 변형시키는 상대화의 과정으로 이어질 것입니다.

    문제가 여기에 도달하면, 추상적인 보편성의

기능을 확정할 수 있는 첫걸음을 디딘 것입니다.
그러나 다음 단계는 훨씬 더 어렵습니다. 인식론
수준에서 동질성이 아닌 동등함을 달성하고, 인간과
문화 간의 가치의 평등을 인정한다 해도 이는
출발점에 불과한 전제를 설정했을 뿐입니다. 따라서
다음 단계인 문화의 특수성을 논증하기 위해서
우리에게 필요한 건 추상적 보편성이라는 출발점이
아닙니다. 내가 첫 번째 문제에서 상술한 불충분한
보편성, 즉 개방된 특수성을 가져와야 합니다.
이 점에 대해서 서구 이론은 근대 역사 안에서
이러한 주제 의식을 갖지 못했기 때문에, 유효한
인식론을 제공하는 데 한계가 있습니다. 그러므로
우리는 새로운 형태의 이론을 찾아 아시아로
돌아서야 합니다. 이는 아시아의 방법론으로서 내가
'형이하적 추론'이라 부르는 것입니다. 다시 말해,
매우 구체적이고 개별적인 문제를 통해 이론적
사고방식을 만들어내는 방법을 모색하고자 합니다.

'형이하적 추론'과 관련하여 선조들이 남긴
아주 풍부한 유산이 있습니다. 중화민국 초기
일찍이 중국에 철학이 존재했는지에 관한 논쟁이
있었습니다. 논쟁이 벌어진 이유는, 중국의

사상사는 논리적 추론에 근거하기보다 대부분
형이하적 추론에 의존하기 때문입니다. 그러나
바로 그러한 사상적 유산이 오늘날 우리가 새로운
보편성을 구축하고 새로운 형태의 이론을 찾는 데 큰
통찰력을 제공합니다.

명나라 말기 사상가인 이탁오(李卓吾)[4]는
일찍이 다음과 같이 말했습니다.

"학자들이 인륜물리(人倫物理)를 통해
진공(眞空)을 깨달아야한다. 인륜물리에서
인륜물리를 분별(分別)[5]해서는 안된다."[6]

그의 말은 형이하적 추론의 특성을 아주 날카롭게
정의했습니다. 인륜물리를 통해 진공을 깨달아야
한다는 말은, 구체적인 개별 경험을 통해 깨달음을
얻고 구체적 개별 경험을 벗어나지 않는 것을
의미합니다. 인륜물리에서 인륜물리를 분별한다는
건 사실에 근거해 논하는 것을 말하고, 구체적인
경험을 배제합니다.

이 논법의 핵심은 이탁오가 인륜물리를 통해
지각하려 한 것이 '도(道)'가 아니라 '진공(空)'이라는 점입니다. 만약 그가 인륜물리를 통해 '도'를 이해한다고 했다면, 그것은 오늘날의 학계의 집단적 잠재의식인 추상적 '보편성'을 추출하는 것을 의미했을 것입니다. 그리고 꽤 많은 사람이 그의 '진공'을 '도'로 치환하여 서구식 해석을 완성하리라 생각합니다. 그러나 이탁오는 인륜물리를 통해 '도'를 찾는 것을 거부했습니다. 도를 추구하는 것은 형태가 있기 마련이고, 인륜물리를 통해 도를 찾게 되면 부지불식간에 도를 인륜물리와 구별하고 도를 좀 더 상위에 두기 때문입니다. 이탁오는 이런 종류의 추상화를 분명하게 거부했습니다. 추상화는, 인륜물리가 내포하고 있는 생동감 있는 이치를 위로부터 내려온 외재적 판단으로 슬쩍 뒤바꿔 버린 것으로 간주하였기 때문입니다. 이는 그가 평생 추구한 사상적 주제라고 말할 수 있습니다. 여기서 가장 어려운 점은 이탁오의 '진공' 개념을 이해하는 데 있습니다. 그는 『분서(焚書)』에서 다음과 같이 썼습니다.

> "진공이 사리를 명명백백 제대로 깨닫는 이를 만난다면 진공은 바로 이 명백함 가운데 있게

된다. 하지만 진공 자체는 아직 명백해진
상태가 아니다. 만약 어리석어 사리에 어두운
자를 만난다면 진공은 또 이 어둠 가운데 들게
되는데, 그때의 진공은 아직 캄캄해지지 않은
단계에 위치한다"[7]

이 문장은 당대의 맥락으로 이해해야 합니다.
이탁오는 당대 일부 학자들이 '태초의 형상없음
(無相之初)'이라는 진공 개념을 추구한다며
비판했습니다. 이 사람들은 진공 상태에 도달하지
못하는 이유를 자기 충만한 여러 가지 현실 잡념
때문이라고 설명했습니다. 그러므로 이 모든
잡념을 떨치고 허공의 형상 없는 상태로 돌아가야
진공을 알 수 있다고 믿었습니다. 그러나 그들이
이런 식의 전제를 취하면 진공은 하나의 형태를
갖춘 것으로 바뀌어, 변질됩니다. 진공은 형상이
없으며 인륜물리(人倫物理)에 따라 비로소 자신을
드러낼 수 있습니다. 따라서 그 자체가 투명하거나
모호한 것은 아니지만, 명백하거나 모호하게
표현될 수 있습니다. 다양한 마음 상태에 따라
인간은 진공을 체험할 수 있지만, 마음 그 자체는

결코 빈 것(空)이 될 수 없습니다. 이런 사고방식을 이해하면, "무선무적(無善無跡), 즉 선행도 없고, 업적도 없다", "무인무아(無人無我), 즉 타인도 없고, 자아도 없다", "무성무근(無聖無近), 즉 정통도 없고 이단도 없다"와 같은 이탁오 식 용어를 이해할 수 있습니다. 그가 거부한 것은 다름 아닌 '분별(分別)'이라는 전제였습니다. 중국은 예로부터 정치적 이상을 '만물일체의 인(仁)'으로 여겼는데, 여기서 '일체'는 무엇입니까? 간단히 이야기하면 장자가 말한바, '불균질한 것의 균질성(不齊之齊)'을 추구한 것이라 할 수 있습니다. 이러한 불균질을 파괴하는 힘은 무엇입니까? 위에서 아래로 부과되어 인위적으로 만들어진 외재적 규범입니다. 명나라 말기 사상가들이 대항한 것이 바로 이런 경직되고 외재적인 유교의 도그마였습니다. 이탁오는 '진공'이라는 말을 쓰면서도 동시에 그것을 유일한 상태로 고정하는 것을 거부했습니다. 그는 진정한 불균질과 다양성을 추구하기 때문입니다. 이탁오의 "진공"과 다케우치 요시미의 "인류의 모든 유형은 동등하다."라는 주장 사이에는 수 세기의 시간적 거리와 문화적 차이가 있습니다. 그러나 둘 다동공이곡(同工異曲)[8]의 묘미를 갖고 있습니다. 그들은 모든 인류와 사회에서 '분별'을 만드는 것을 반대합니다. 이런 태도가 확립되면, 우리는 매개적 보편성이 실현된다고 말할 수 있습니다.

    우리는 여전히 토론을 더 밀어붙여야 합니다. 분별을 없애자는 원칙이, 약자를 차별하지 않고 다원성의 권리를 주장하는 것에 지나지 않는다고 항의할 친구가 있으리라 생각합니다. 서구의 비판 이론에도 이런 서술은 부족하지 않아! 라고 말입니다. 사실, 헤게모니와 차별과 같은 정치적으로 올바르지 않은 태도는 서구의 비판 이론에서도 이미 지적하고 있습니다. 그러나 중요한 점은 올바르지 않다고 지적하는 데 있지 않습니다. 비판은 그저 언어 영역에 금지 구역을 만드는 것에 불과합니다. 우리가 직면한 문제는 정확히 이론으로는 타파할 수 없는 사회 풍토입니다. 비판의 논리가 아무리 투철해도, 차별이 없는 인식론적 구조를 구축하기 위한 효과적인 길을 보여줄 수 없습니다. 우리는 정치적인 올바름으로 무장한 글을 쓰면서도 편협하게 행동하는 사람들을 충분히 보지 않았습니까?

따라서 형이상적 추론만으로는 지식 패권의 문제를 해결할 수 없습니다. 형이하적 추론을 구성하는 문제는 이러한 실질적 필요에서 나온 것입니다. 왜일까요? 형이상적 추론은 명확하고 일관된 논리를 요구하지만, 현실 경험은 논리에 완전히 부합하지 않습니다. 다원적 구조의 필요성을 이론적으로 적극 논의한다 해도 여전히 논리의 산물일 뿐이기 때문에, 현실 경험의 비논리적 면모와 필연적으로 반목합니다. 비논리적 경험의 영역에서 다원화된 이론적 사고를 확립하기 위해, 형이하의 차원에서 이론적 사유 능력을 키워야 합니다. 이로부터 "인륜물리를 통해 진공을 지각"할 수 있게 됩니다.

다른 예는 이탁오의 다음 글입니다. 이탁오는 비슷하게 보이지만 정반대의 결론을 도출한 두 가지 사례를 각각 짧은 글로 썼습니다. 첫 번째 사례는 출가한 승려 약무(若無)[9]에 관한 것입니다. 약무의 사찰은 고향에 있었고, 고향 집에는 연로한 홀어머니가 그의 두 자녀와 함께 지내고 있었습니다. 약무는 이제 더 공부할 것이 없어 멀리 금강산으로 떠나 수행할 계획이었습니다. 그러자 그의 어머니는

반대하는 편지를 써서 진심으로 수행한다면 그곳이 어디든 똑같을 것이라고 단호하게 말했습니다. 고향에 머물면서 수행하고 가족을 책임지는 것은 어떻겠냐고 물었습니다. 이탁오는 이 어머니에 대해, "집안에 성모가 계시고 그 슬하에 진불이 태어남을 경하하노라"[10]라고 말하며 크게 칭송했습니다. 두 번째는 『분서』의 「황안의 두 스님을 위한 글 세 편」에 나오는 사례로, 벼슬길을 버리고 출가한 스님에 관한 글입니다. 그는 홀어머니를 집에 두고 출가하여 일생 도를 이루기 위해 전력을 다했고, 이는 어머니의 사랑과 은혜에 보답하기 위함이었습니다. 이탁오는 불도를 이루기 위해 작은 효를 버리고 큰 효를 이룬 이 스님을 효행의 모범이라고 칭송했습니다. 두 경우 모두 수행을 위해 어머니를 떠난 고승이 나옵니다. 두 사람 모두 연로한 어머니를 두고 출가하면서 어머니의 말년을 돌보는 효의 책임을 지지 못하고 있었습니다. 그러나 이탁오는 이 두 가지 사안을 매우 다르게 평가하고 있습니다. 이는 그가 사안을 판단할 때 겉으로 드러난 형태에 근거하지 않았다는 사실을 보여줍니다. 일찍이 도(道)를 추구하기로 했다면,

집에 머물든 출가를 하든 상관없다고 말했습니다. 공자, 맹자는 승려가 되지 않았어도 도를 깨달았지만, 세상 사람들이 집에 머문다고 해서 모두 성인이 되는 건 아닙니다. 마찬가지로 석가모니가 고행을 위해 출가하여 성불했지만, 세상 사람들이 출가하여 고행한다고 해도 성불하는 것은 아닙니다. 약무와 황안의 큰 스님에 대해서 겉으로는 상반된 평가를 하는 것 같지만, 결국 둘 다 인륜물리를 통해 진공을 지각하는 예시가 됩니다. 약무에게는 어머니 곁에 머무르는 것이 도를 이루는 것이며, 황안의 큰 스님에게는 매일 사랑하는 어머니를 섬기는 작은 효를 버리는 것이 도를 이루는 것입니다. 구체적인 상황과 경험이 제거된 '도(道)의 성취'는 독립적 의미를 얻을 수 없었습니다.

    이탁오는 진공 문제에 대해 아주 끈질기게 추구했습니다. 진공은 모든 것을 포용하는 바구니가 아니며 모든 것 위에 있지도 않습니다. 진공은 모양이나 흔적이 없어 세상 만물의 연결 고리가 됩니다. 그러나 이탁오는 그것이 무엇인지 이야기하지 않았고, 그것이 한번 구체적 내용으로 규정되고 나면 그러한 연결고리 역할은 중단된다고 했습니다.

사실 이탁오는 이 연결 고리에 대해 매우 구체적으로 감지했습니다. 그는 다음과 같이 이야기합니다.

> "만물일체의 인(仁)은 천지간의 끝없고 위대한 도(道)입니다. 모든 사람은 각자의 본심에 따라 이 도(道)를 추구합니다."

아까 말씀드린 하이델베르크에서의 내 경험을 떠올려봅시다. 이탁오와 같은 사상가들이 '세상 만물이 제각기 자리를 찾으려 할 때 일차적인 문제는 통일된 질서가 아니고 다양한 삶의 본심을 실현하는 것이다'라는 점에 주된 관심을 기울인 이유를 이해할 수 있습니다. 이탁오라면 보행자 길과 자전거 길을 구분하지 않을 것입니다. 그의 정치적 이상은 모든 사람이 각자 제자리를 추구하며, 이로 말미암아 사회의 동태적 균형이 생기는 것입니다. 그가 윈난성 야오안의 지부(知府)[11]를 지내던 시절, 무위이치(無爲而治)[12]를 정치적 방법으로 시도하여 백성들의 외부적 속박들을 줄이려 했다고 합니다.

안타깝게도 그의 실험은 성공하지 못했다고 전해집니다. 여기서 핵심은 그의 통치 경험이 아니라, 그의 사고를 통해 중국 사회의 기본적인 정치적 요구를 탐색할 수 있다는 점입니다. 즉, 오늘날 중국 사회의 가장 까다로운 문제는 어떻게 이런 동태적 균형을 형성하는가입니다. 이탁오가 풀지 못한 문제가 여전히 오늘날 중국인을 괴롭히고 있습니다. 중국인이 보행자 길과 자전거길을 엄격하게 구분하지 않는 이유는 인구 밀도 같은 현실적인 여건 때문만은 아닙니다. 규율과 규범에 대한 중국인들의 전통 감각도 작용하고 있습니다. 만물일체의 인(仁)은 현대 중국인들에게 여전히 정치적 이상으로 남아 있어, 서구식 규칙이 최상의 원리로 작용하여 문제를 해결하기를 기다리기는 어려울 것입니다. 전통이 현대적 과제로 끊임없이 변형되는 시대를 어렵게 모색해야 합니다.

    이제 이탁오를 떠나 우리의 주제로 돌아갑시다. 서구 이론이 유일한 이론 형태로서 익숙해진 사람들은 형이하의 원리를 이해하기 어려울 것입니다. 이런 사람들은 구체적인 경험을 언급하면 그 안에서 개념을 추상화하기 어렵고 따라서 이를 이론적 사고라고 하지 않습니다. 우리가 직면하는 근본적인 곤경은 이런 편협한 지식 감각을 어떻게 돌파하여 이론적 사고의 새로운 지평을 열 수 있을지의 문제입니다. 이는 구체적인 경험 안에 담겨 있어서, 사사건건 논하는 직관적 서술과 구별해야 지각할수 있습니다. 인륜물리를 통해 진공을 이해하는가, 아니면 인륜물리를 통해 인륜물리를 분별하는가, 라는 질문이 형이하의 이치와 직관적 경험을 구별하는 분수령입니다. 다시 말해서 우리는 보편성을 매개로 삼아, 구체석인 사물 가운데 특수한 인간 경험을 식별해야 합니다. 이런 식으로 인간의 삶에 대한 우리의 이해를 풍부하게 하는 것이 형이하적 방법의 존재 의미입니다.

    아시아는 세계에서 가장 다원화된 지역입니다. 내가 이 범주에 매달리는 이유는 바로 아시아가 직관적인 방식으로 통일된 하나가 될 수 없기 때문입니다. 첫 번째 질문에서 언급했듯이, 아시아는 여러 문명을 가지고 있고 서로 융합되거나 상호 침투하여 동화되거나 통일되기 어렵습니다. 동시에, 아시아 대부분 지역은 식민 구조로 인한 서구의 내재화를 겪어 왔습니다. 그때문에 아시아는 수동성을 능동성으로 바꾸어 자기 주체성을 만드는 개방된 형태가 필요합니다. 이러한 아시아의 역사적 조건은 새로운 이론적 사유의 비옥한 토양을 주었습니다. 그러나 서구 이론만이 이론의 유일한 형태라는 생각에서 탈피할 수 없다면 새로운 이론적 사유가 자라기 어려울 것입니다. 이러한 지식 구조 아래서 어떻게 하면 우리 자신의 역사에 부합하는 이론적 사유와 사상의 자원을 생산할 수 있을까요? 우선 전제에 관한 토론에서 시작해야 합니다. 한마디로 나는 서구 이론에서 출발하면 인류의 미래에 도달할 수 없다는 점에서 사카이 교수의 의견에 동의합니다. 서구 이론은 귀중한 사상적 자원을 주었지만, 그것은 인류의 일부를 대표할 뿐입니다. 인류 전체는 처음부터 다채로웠습니다. 유럽의 이론이든 아시아의 이론이든, 이론은 궁극적으로 가시 세계에서 보이지 않는 요소를 발견하는 지적 역량에서 비롯됩니다. 근본적으로 이론적 사고는 일종의 상상력이며, 질문을 발견하여 밀고 나가는 능력입니다. 추상적 방식으로 표현되건 구체적 방식으로 표현되건, 혹은 논리적 방식으로 추론되건 경험적 방식으로 지각되건, 그것이 문제의

관건은 아닙니다. 결정적 열쇠는 다른 형태의 이론적 사고를 통해 '진실'을 발견하는 지 여부입니다.
이론은 결코 목적이 아니라 단지 우리의 사고를 돕는 수단일 뿐입니다. 서로 다른 이론적 사고를 통해 진리를 추구할 때 진리는 원래 다양하고, 입체적이며 서로 연결되지만, 다면적이고, 다차원적이며, 통일되지 않는다는 것을 알게 됩니다. 그때 비로소 보편성이 실현된다고 말할 수 있습니다.

1. 본문에서 쓴 '上纲上线'라는 표현은 정치적 강령·노선에 따라 잘못된 말과 행동을 비판하는 것을 이른다. 주로 모든 사안을 단순하고 절대적인 기준으로 판단하고 논쟁하는 것을 풍자할 때 자주 사용한다.
2. 서로 의견이 상충하는 다른 부분은 인정하면서도 뜻이 맞거나 이익이 있는 부분을 우선 추진한다.
3. 겉모양은 비슷하지만, 정신은 전혀 다르다.
4. 본명은 이지李贄(리지)(1527-1602) 명나라의 사상가. 유학자. 독특한 언행과 유학에 대한 도발적이고 비판적인 글을 써서 알려졌다. 여러 상반된 평가를 받는 인물이다. 26세 때 관직에 올라 하급 관료 생활을 하다가 50대에 윈난(雲南)성 야오안(府安)의 지부(知府)를 지냈다. 『분서(焚書)』, 『장서(藏書)』 등의 저서를 남겼다.
5. 가르고 구별하는 행위로, 이탁오에게는 곧 다양한 물(物)사이에 위계나 차별을 둘 가능성을 의미한다.
6. 『분서』 중 「등석양에게 답함(答鄧石陽)」편. 이 글에서 인륜물리人倫物理란 이탁오의 사상 속 개념을 가리킨다. 이탁오는 유교에서 추구하는 '인간의 마땅한 윤리(인륜人倫)'가 그간 너무 관념적이었음을 지적하고, 인륜은 곧 옷 입고 밥 먹는 일, 일상적 욕구로 가득한 '만물의 이치(물리物理)'여야 한다고 이야기한다.
7. 「(심경)해설(解經文)」, 『분서2』 (김혜경 옮김, 한길그레이트북스), p 30
8. 한유(韓愈)의 『진학해(進學解)』에 나오는 말로 재주나 솜씨는 같지만 표현된 내용이나 맛이 다름을 이르는 말이다.
9. 약무若無라는 이름은 '마치 없는 것 같음'이라는 뜻이다.
10. 「약무의 모친이 아들에게 보낸 편지를 읽고(讀若無母寄書)」, 『분서2』 (김혜경 옮김, 한길그레이트북스), p 42
11. 중국 명나라와 청나라 시대 지역의 장관
12. 무위이치(無爲而治)는 아무것도 하지 않는 고요한 다스림을 말한다. 노자의 『도덕경』에 나오는 관점으로 인위적, 작위적 관여 없이 자연 상태에 거스르지 않고 순응하는 태도를 정치적으로 적용한 것이다. 인간이 만든 제도와 법령이 많아질수록 도리어 국가는 어지러워지고, 백성은 살기 어려워진다고 보았기 때문이다. 유교에서는 덕으로 백성을 감화하여 원만히 다스리는 일을 말하기도 한다.

아시아의 어긋남과 가능성을 둘러싼 질문들

한윤아

1 불협화음의 하모니 프로젝트

쑨거(孫歌)의 글 「새로운 보편성을 창조하기」 (創造 新的普遍性)는 2018년 1월 28일 베이징의 인사이드-아웃 미술관에서 열린 포럼에서 발표된 원고이다. 이 포럼은 《불협화음의 하모니》(Discordant Harmony)라는 제목의 전시의 일환으로 마련되어, 쑨거와 사카이 나오키(酒井直樹)의 대담 형식으로 진행되었다.

《불협화음의 하모니》는 독일문화원이 주관한 국제 교류 프로그램으로, 동아시아의 예술 현장과 담론을 연구하고 소개하고자 하는 전시였다. 이 전시는 동아시아 네 나라, 네 명의 (지역) 큐레이터들이 기획하고 각 지역의 미술관에서 차례로 선보였다. 지역의 기획자들은 아시아를 '하모니'가 아닌 '불협화음'으로 이름 붙여야 한다고 제안했다. (여전히) 정적이고 조화로운 아시아의 이미지가 남아있다면 재고해야 했고, 나아가 '아시아'의 명명과 역사적 구성 과정까지 모두 심문해야 했다. 그래야 현대미술의 장에서 동아시아 역사적, 정치적 문제의식을 바탕으로 작업하는 작가들의 예술 실천의 경향을 이해할 수 있기 때문이다. 《불협화음의 하모니》 시리즈는 한국의 김선정, 일본의 가미야 유키에(神谷幸江), 대만의 황젠헝(黃建宏)와 중국의 캐롤 잉화 루(盧迎華) 큐레이터가 참여 해, 2015년 서울 아트선재센터(2015.2.7.–3.29.)를 필두로, 히로시마시립현대미술관(2015.12.19.–2016.3.6.), 대만 관두미술관(2016.7.22.–9.18.)으로 이어지고, 2018년 베이징의 인사이드-아웃 미술관(2017.11.04.–2018.2.4.)에서 마무리되었다.

 '하모니(조화)'는 원래 아시아를 바라보는 기본 관점이었다고 전시 소개글에서도 쓰고 있다.[1] 유럽에서 아시아 미술을 '조화'로 인식하게 된 계기는 무엇이었을까. 유럽에 아시아의 예술과 공예품이 처음으로 소개된 19세기 말 유럽의 만국박람회의 풍경에서 시작하려 한다. 이때 아시아는 신기하고 이색적인 이국의 민속 문화이자 예술의 한 종류로서 제시되었다. 일본의 경우 부채와 채색 목판화, 도자기 등이 인기를 끌어 급기야 파리만국박람회(1889)를 계기로 유럽에

'자포니즘(japonisme)'[2]이 대유행하기 시작한다. 자포니즘에 대한 유럽의 열광은 일본의 내부에도 큰 영향을 끼친다. 자신들의 행위를 서구 예술 제도와 닮은 것으로 구성하여야 할 필요를 느낀 것이다. 어네스트 페놀로사(Ernest Fenollosa)[3]와 오카쿠라 텐신(岡倉天心)[4] 등 일본 내 미술 매개자들은 서구 예술계를 향한 '발신 전략'을 구상한다. 이는 일본이라는 국민-국가를 정의하는 일과, 유럽의 '미술/예술'이라는 용어로 일본의 물품/작품을 재현해야 하는 일이 동시에 요청된다. 이를 일본의 근대 미술 형성을 비판적으로 연구한 사토 도신(佐藤道信)은 이렇게 묘사한다.

> 일본미술이 국내보다 대외를 의식한 개념이라는 사실은 '일본미술'이라는 명칭 자체에서도 잘 드러난다. 원래 '일본'이라는 말은 대내적인 호칭인 '야마토(やまと)'에 대응하는 대외적인 호칭으로 꾸준히 사용되던 것이었다. 게다가 '일본어'나 '일본사', '일본문학'에 대응하는 '국어', '국사', '국문학'이라는 국내용 용어가 있는

반면에, 일본미술에 대응하는 '국미술'이라는 말은 없다(굳이 꼽자면 국내용 표현인 '본방(本邦)미술'이라는 용어가 있지만). 일본화의 경우, 20세기 전반에 '국화(國畵)'라는 말이 간혹 병용되기도 했지만, 대세는 어디까지나 '일본화'라는 명칭이었다. 일본 등 교과과정에서 미술교육은 일본이나 한국, 중국 등지에서만 시행되고 있을 뿐, 구미에서는 오히려 일반적인 일이 아니라고 한다.

— 사토 토신 지음, 허보윤 옮김,
「일본 미술이라는 제도」[5]

이러한 노력으로, 자포니즘 미술·공예품은 파리만국박람회에서는 '산업관 전시품'이었는데, 시카고만물박람회(1893)때부터는 '예술관'으로 진출한다. 또한 오카쿠라 텐신은 자신들의 예술품과 예술 제도를 설명할 담론을 적극적으로 만들어나간다. 그는 일본의 '대동아공영' 전략과 닮은 범아시아의 미학을 설명할 언어를 선택하는데,

이 때 '조화로운 통합'을 아시아 미(美)의 한 종류로 구성하였다. 오카쿠라 텐신이 쓴 『동양의 이상』의 첫 문장이 "아시아는 하나다."라는 선언인 것, 그리고 이 책이 영어로 먼저 출판된 것은 눈여겨볼 만하다.[6] 일본 미술 제도를 서구를 향한 발신 전략으로 구성한 것과 비슷하게, '아시아'를 가장 먼저 대표하여 선포하려고 외치는 장소 역시 유럽이다.

그렇다면 본 대담과 책의 주요한 질문이 '아시아적인 것/아시아성(性/Asiananess)'은 무엇인가, 라고 했을 때 오카쿠라 텐신의 미학은 어떤 의미일까? 본 대담에서 쑨거와 사카이 나오키 모두 아시아는 '서구(바깥)에서 호명된 것', '내용이나 실체가 없이 매혹의 지역과 방향을 가리킨 것'이라는 점을 이야기한다. 오카쿠라 텐신의 담론은 서구의 눈을 통해 구성된 아시아를 내면화되어 예술 정체성을 구성하고, 이를 다시 적극적으로 통합하는 주체인 자신을 스스로 유럽으로 발신하려고 한 예라고 할 수 있다.

'불협화음'의 '하모니'는 말의 조합은 아시아라는 단어에 담긴 모순된 속성을 드러내려는 듯하다. '불협화음'은 아시아의 조화가 허상이었음을 폭로하는 역할을 한다. 동시에 아시아(라 불리는) 지역 안에서 근대 국가 형성, 제국주의, 냉전을 거치며 나타났던 국가 간의 협력과 반목을 은근슬쩍 표현하려는 참이다. 21세기에도 이 지역에는 여전히 청산되지 않은 역사적 문제이기 때문이다. 영토, 이념을 둘러싸고 논쟁과 갈등은 지속하고 있다. 아시아 지역의 국가들은 서양의 침략과 강제로 근대와 세계화의 길이 열렸다는 공통점이 있다. 그런데도 중국의 오랜 패권, 일본의 제국주의와 전쟁 등의 잔재가 아직 협력을 요원하게 하는 걸림돌로 남아 있기도 하다. 또한, 여기에는 미국 금융 자본의 흐름에 종속된 경제적 불균형도 중요한 요소로 기입되어 있다.

아시아를 조화로운 공동체로 볼 수 없는 이유는, 역사나 정치, 경제 문제가 초래한 불화 때문만은 아니다. 쑨거와 사카이 나오키는 이 포럼을 통해 "아시아, 아시아성은 무엇인가"를 질문하면서 아시아가 애초부터 불가능한 개념과 상상력이며, 틀린 위치였음을 이야기한다. 그리고 앞으로 상술할 터이지만, 이 두 학자가 주목한 것은 전 지구적 지식

생산의 구조와 불균형이다.

《불협화음의 하모니》의 부대 행사로 베이징에서 진행된 쑨거와 사카이 나오키의 대담은 독일에서 출간되었다.[7] 역시 부대 행사로 기획된 왕후이(汪暉), 천광싱(陳光興), 이승렬, 요모타 이누히코(四方田犬彦), 왕웨이(Wang Wei), 천제런(陳界仁), 오카다 도시키(岡田利規), 박찬경 등 동아시아 지식인과 예술가들의 인터뷰를 웹사이트에서 볼 수 있다. 이 전시와 관련하여 초청된 동아시아 학자들이나 예술가들이 하나의 학파를 이루었다고 할 수는 없다. 서구에서 촉발된 탈식민주의나 남아시아의 서벌탄 스터디즈 그룹(Subaltern Studies Group)의 말하기와도 다르다. 모인 이들은 (당연하게도) 비서구의 근대성과 역사의 해석, 탈식민의 방법들에 대해서 서로 다른 의견을 가졌다. '불협화음'이라는 말은 어쩌면 아시아 내 각 지역에서 역사적 해법에 대한 공통의 비전을 갖기가 어렵다는 점을 떠오르게 한다. 그럼에도 불구하고 이들의 만남과 대화, 그리고 계속해서 '아시아/아시아성은 무엇인가'를 묻고 대답하려는 맥락을 섬세하게 들어보기를 요청한다.

2   서구-보편-이론이라는 이데올로기와 아시아의 형성

우선, 이 책에는 실리지 않은 사카이 나오키의 글을 요약해서 소개한다. 이번 대담에서 사카이는 '아시아란 무엇인가?'라는 질문을 주로 '이론'의 문제와 연결한다. 즉, 유럽(서구)과 이론 사이에 있는 밀착성을 집중적으로 다룬다. 이는 쑨거가 본 책에서 이야기하는 주제와 연결된다. 쑨거의 글은 보편성이라는 개념이 서구의 전유물이 될 수 없음을 밝히며, 그 개념을 탈환하려는 시도의 하나로 볼 수 있기 때문이다.

사카이 나오키는 2000년대 초반 나온 다언어 문화이론 저널 『흔적』의 서문에서, 학술계가 구성되는 모양새, 그리고 지식과 정보의 흐름을 지도상에 그래픽화하듯 설명한다. (물론 서구와 비서구가 유럽과 북미, 그리고 나머지 세계라는 지도상 지역과 일치하지 않기 때문에, 이 설명은 이해를 돕기 위한 임의적인 도구라고 전제해야 한다.) 글로벌 학술계에는 두 흐름이 존재한다. 하나는 특수하고 작은 사건과 사실들이 주변부 지역에서 서구의 중심부로 흘러가는 '구심적 흐름'이다. 그러면 서구의 학술계는 이러한 지식, 경험적 자료들을 분류하고 큰 항목과 작은 항목으로 계열화하는 과정을 진행한다. 이를 통해 특수한 '차이'들을 서구의 독자들에게 보편타당한 언어로 이해시키는 언어화 작업을 한다. 이를 '이론'이라 부르고 통상 보편적이라 여긴다. 보편성이란 시간과 공간이라는 맥락과 매개가 없어도 이해할 수 있는 명제로 만들어지곤 하며, 이 때 '차이'들은 무마되고 흡수되기도 한다. 이렇게 만들어진 '이론'은 다시 그 구체성을 제공한 비서구 지역으로 다시 전송된다. 이것이 두 번째 흐름이다.

  미국에서 나온 아시아나 한국 관련 논문을 읽을 때, 영어로 묘사된 한국 작품에 대한 부분을 다시 해석해야 하는 과정이 낯설고 이상했던 경험이 있다. 동시에 우리 작품이 이렇게 세계화된다는 자부심(?) 그 어딘가에 꽤 복잡한 감정이 있었던 것 같다. 아시아 지역을 다룬 서구 논문에서 종종 오류가 발견되거나, 혹은 지역적 맥락에 대한 이해 없이 뭉갠 부분도 꽤 눈에 띄곤 한다. 그러나 서구 지역에서 연구되고, 영어로 된 학회나 저널에

발표되었다는 이유로 공신력을 실어 그것을 다시 아시아 지역의 논문에서 인용하는 경우도 자주 있다. 한편으로는 서구 학자는 서구에서 발표한 연구로 지역 전문가가 되지만, 한국어를 비롯한 지역 언어의 논문이 서구에서 인용되는 경우는 한정되어 있다. 이러한 불균형 혹은 위계를 우리는 대부분 마음 한편에 두고 있다고 생각한다.

실상, 근대 분과 학문, 자연과학은 물론이고 인문학, 사회학들 대부분 아시아에서 만들어진 '이론'은 별로 없다. 만약 아시아에서 이론이 나온다 해도 일반적으로 낯설다 생각한다. 이런 생각은 '이론은 서구(유럽)에서 주로 만들어졌다'는 말과 거울처럼 서로를 비춘다. 사카이 나오키는 학문계의 이런 기본적인 전제들부터 점검한다. 이를테면 사카이는 「서구의 탈구와 인문과학의 지위」[8]라는 글에서 이런 질문을 한 적이 있다. 유럽계 미국인은 왜, 인간 일반의 '보편적' 특질을 다룬다고 할 때만 학문의 대상이 되고, 지역학, 종족 연구에서 '특정한' 정체성으로 잘 다루어지지 않는가? 대신 종족 연구에서 유럽인과 유럽계 미국인들은 분류, 비교, 분석의 능동적인 역할을 수행하는 주체가 된다.

지식생산의 역할 분담은 '서구'라는 가상적 구축물이 주도한다.

사카이 나오키는 이론은 서구에서만 유래한다는 가정을 통해 발생한 지식생산의 위계를 다음과 같이 정리한다. 첫째, 인문학은 기본적으로 보편적으로 인간적인 것에 관심이 있고, 이를 바탕으로 문화적 특수성을 지닌 지역/종족 연구를 분과학문으로 나눈다. 둘째, 이론적/사변적 지식과 실제적 지식을 구분한다. 셋째, 이를 지역으로 다시 구분하여 배당한다. 서양과 동양, 메트로폴리스와 구 식민지 지역, 북반구와 남반구, 서구와 비서구라는 지정학적이며 경제적인 구분을 통해서 말이다.

사카이 나오키는 서구가 '가상적'이라고 표현한다. 이를 통해 유럽과 아시아 모두 원래부터 자명한 단위도, 지리적 경계도 아니었다는 점을 언급한다. 그는 유럽의 일반 국민이 유럽의 안과 밖을 상상하기 시작한 계기가 1930년대 파시즘과 연결되어 있다고 본다. 이때 '유럽을 위한 유럽'이라는 선전 문구가 등장하고 유럽 문명이 외부인(아프리카, 아시아, 유대인 등)에 의해 '오염'

되고 있다는 위기의식이 만연했다. 사실 이전까지 대중들은 유럽의 지리적 경계가 어디까지인지 인식하지 못했다. 또한, 유럽이라는 것이 명확해진 적이 없었기에 자신을 유럽인이라는 정체성을 갖지 못했다. 그러나 바깥의 침입자를 묘사하면서 내부는 선명해질 수 있었다. 내부가 다시 깨끗해지기 위해서는 유럽 문명의 문화적 견고함을 주장하는 말이 필요해진다. 이때 유럽의 정신을 고대 그리스와 연결해 연속적 흐름으로 이해하도록 하는데 가장 큰 공헌을 한 학자로, 에드문트 후설(Edmund Husserl)을 거론한다. 후설은 유럽 인류의 역사적 사명을 『유럽 학문의 위기와 선험적 현상학』[9]이라는 제목으로 수집되고 편찬된 그의 작품에 망라하였다. 여기서 유럽 정신은, 한편으로는 유럽 인류의 과거 기원에 의지하는 동시에 다른 한편으로는 미래에 대한 무한히 황홀한 자기 극복을 위한 목적론적 프로젝트의 일환으로 제시되었다.

실은 에드문트 후설은 파시즘이 점점 강화될 때, 유대인 자신이 느끼는 불안감을 이론적으로 풀고자 했다. 그는 파리, 비엔나, 프라하 등의 강연을 이어가며 전쟁이 진행될수록 자신의 주장을 조금씩 강화한다. 그의 강연은 유럽 인류의 위기는 유럽의 정신, 이론의 목적론적 책무로 극복되어야 한다는 사명감을 강조한다. 그러면서 중국이나 인도 철학은 진정한 철학이 아니라는 주장을 담는다. 유럽의 통일성과 유럽 정신을 강조하며 역사적 사명을 내세운 후설에게 유럽은 지리적 범주가 아니었다. 유럽 안의 구성원인 집시, 에스키모인 등은 배제했으며, 일정한 양식을 공유하는 민족, 역사적 통일체로 '유럽'을 전면화한다. 유럽이 그리스로부터 사상적 연속된다는 주장은, 고대 그리스 문명 자체가 이슬람 등 비유럽과 섞여 있기 때문에 모순되어 있다. 그런데도 견고한 유럽의 실체는 파시즘의 파도를 업고 부상하였다.

    그의 유럽중심주의 미션의 자장 아래서 아시아라는 범주가 재탄생한다. 고대 이래 '유럽의 황홀한 바깥 방향', '지정학적 이웃'이라는 의미였던 아시아는 고정된 실체를 가리키는 말이 아니었다. 유럽이 변방이었던 시절, 즉 몽골과 이슬람, 중국과 인도제국이 우세하던 시기에는 오히려 '아시아'라는 말도 상대적으로 약했다. 아시아는 유럽 중심의 세계자본주의, 제국주의 등장과 더불어 다시 의미가 발생한 것이다. 이에 적극적으로 반응한 지역이 일본이다. 당대 일본은 독일의 파시즘을 대대적으로 보도했다. 대중매체에 '파쇼'라는 단어도 처음 쓰였다. 일본은 인종주의 정책을 가진 독일을 비난했다. 그러나 중요한 건 일본은 인종주의에 대항하기 위해 아시아 내부의 결속을 스스로의 사명으로 삼았다는 점이다. 그들은 동아시아 공동체, 대동아공영의 구상을 내세워 아시아인을 백인 우월주의 족쇄에서 해방하는 일이 바로 일본의 사명이라 주장한다. 유럽이 명명한 아시아라는 정체성을 스스로 내면화하는, 모순의 정체성이 시작된다.

  사카이 나오키는 유럽이 구성되고 난 후 그 '나머지'를 아시아 자신의 정체성으로 구성하는 식의 방향에 관해 당대 비판적 지식인들의 생각도 다르지 않다고 보았다. 사카이 나오키와 쑨거의 견해차는 이 지점에서 드러난다. 이를테면 일본의 중국문학 연구자이자 비판적 지식인인 다케우치 요시미(竹內好)를 해석하는 데 있어 둘의 차이가 선명해진다. 다케우치 요시미는 쑨거가 집중해서 연구한 학자로 앞으로 계속 상술하게 될 것이다.

다케우치는 아시아 정체성이 '유럽에 이미 패배한 결과로 도착한 자의식'이라고 생각했다. 아시아인이라는, 식민지 종속의 위치를 사유의 시작점으로 삼았다. 식민지인은 스스로 성찰할 수 있는 계기가 없었기 때문에 그저 서양을 거울삼아 문명, 문화, 국가를 상상했고, 궁극적으로 제국주의 전략으로 나아갔다고 본다. 다케우치에게는 사실 근대의 성립, 계몽주의, 평등의 가치를 민족국가 제도를 통해서 구체화하는 것이 중요했다. 다케우치는 역사의 발전이란 스스로를 부정하며 이를 통해 자각하고 성찰하는 과정을 거쳐야 하며 이를 통해 외부(유럽)에 저항하며 그 길항을 통해 역사가 발전한다고 전제했다.

사카이 나오키가 다케우치 요시미에게 문제로 인식한 것은 이러한 틀이다. 역사의 발전을 지시하는 변증법의 틀 안에서 내부와 외부, 유럽과 아시아라는 이항대립은 상호의존적으로 존재한다. 때문에, 스스로 성찰하는 아시아를 규정하는 순간 유럽의 목적론적 근대성 논리의 틀 안에 휘말려 들어간다고 주장한다. 따라서 아시아도 유럽과 마찬가지로 해체되어야 할 개념이다. 이런 부분은

쑨거와 대만학자 천광싱 등이 다케우치 요시미의
'방법으로서의 아시아'를 비판적으로 계승하려고
하는 것과 차이를 보이고 있다.

3   쑨거의 여정

쑨거는 중국의 지식인으로, 주로 동아시아의
근대성을 연구하는 학자이다. 그녀는 자신을
'전공의 경계를 의식적으로 넘고 확장하며 질문을
품는 연구자'라고 이야기한다. 그런데도 굳이
분야를 말하자면, 중국 문학 전공으로 시작해,
일본의 근대사상사를 깊이 탐구했으며, 비교문화와
동아시아 역사, 정치 등을 다룬다. 스스로나 외부의
평가 모두, 대륙계 지식인의 일반적 면모와 달리
독특한 행보와 관점을 가졌다고들 한다. 따라서
쑨거의 경우는 더욱, 그녀가 어떤 여정 속에서
자신의 질문과 사유를 만들어왔는지를 보는 것은
그녀의 글을 이해하는 데 도움이 된다.

　　쑨거는 1955년 중국 지린성 창춘시에서
태어났다. 창춘시는 과거 일본의 괴뢰국인 만주국의

수도였다. 쏜거는 이 곳에서 자란 탓에 자신이
"복잡한 정서"[10]를 가지게 되었다고 이야기한다.
한편으로 자신은 토착민이 아닌 한족으로서
지린성의 전통과 동일화되지 못하고, 고향이지만
'이방인' 정서를 지닐 수밖에 없었다. 다른 한편
이곳에는 식민지배를 했던 일본의 흔적이 여전히
남아있어, 이 때문에 굴욕의 기억과 마음 한 편의
꺼림직함이 맴돌았다고 한다. 쏜거는 "(일반적인)
중국인의 감각으로 식민지 문제가 결정적으로
이해되기는 어렵다"[11]고 말한 바 있는데, 거꾸로
말하면 중국인으로서 피식민 감각을 가진 건
소수의 정서를 지녔다는 말이 되기도 한다.
다만 그녀는 피식민 감각이라는 말을 쓰거나 그
감정을 구체화하지는 않는 대신 "개운치 않은
여운"[12]이라고만 표현한다.

    1978년 지린대학에 입학해 중국 문학을
공부한다. 쏜거는 이때를 다음과 같이 쓴다.
"문화대혁명이 끝난 뒤 처음으로 시험성적에
맞추어 대학에 들어간[13] 문과생"으로, "지식과
정신에서 하나의 '단층'과 대면했다."[14] 외국
작품을 비롯해 여러 문학이 해빙되고, 정보가

넘쳐 흘렀으며, 학생들은 뛰어난 예술을 창작하기 시작했고, 대학에는 자유롭게 사고할 수 있는 공간이 만들어졌다. 표면적으로는 학과가 나뉘어 있었지만, 훌륭한 선생님의 철학 강의를 몰래 들어가서 듣기도 했다고 한다. 성장기였던 문화혁명시기에 대해서는 "상산하향(上山下鄕)[15]의 막차를 탔"지만, 도리어 "지식인과 농민의 결합에 대한 유토피아적 환상을 깰 수 있었던"[16] 경험이었다고 비판적으로 술회한다. 이론과 현실의 관계에 대한 섣부른 판단이나 현실 참여의 격한 열망을 차분하게 사고하도록 만들어준 계기였고 평가한다.

    1980년대 중국 학술계는 서구 철학과 사상 이론을 학습하는 기세등등한 분위기였으며, 이데올로기보다는 과학생산력을 중시하던 신계몽의 시기였다. 이어진 1990년대엔 학술 형식의 규범화와 제도화가 강화되어 갔다고 한다. 쑨거는 이를 "서양 이론으로 중국의 문제를 해결하려는 경향이 강화"[17]되었다고 표현한다. 그러면서 1980년대와 1990년대 학술계에 대해서 그녀는 조금 멀리 떨어져 있는 듯 묘사한다. 물론 자신의 기질이나 관심사가 주류와 닿아있지 않았기도

하지만, 서구 이론을 완성된 것으로 보고 중국 사회에 적용하려는 시도에 대한 거부감을 가졌다. 마침 그때 중국 학술계에서 떨어져 나가, 일본으로 가게 되어 거리감은 더 멀어지게 된다.

쑨거는 1980년대 말 외국의 중국 문학연구를 편찬하는 총서를 맡아, 일본으로 '떠밀려' 나간다. 이때부터 일본 사상을 공부하기 시작하고, 우연한 기회로 일본 지식계와 교류하게 된다. 중국과 일본은 학술 공간 안에서도 여전히, 중일 관계의 역사적 상처, 원한 등을 감추고 침묵하는 것 외에 다른 관계를 만들어내지 못하고 있었다. 쑨거는 이런 생각을 꺼내어 미조구치 유조(溝口雄三)[18]와 함께 과거 언어를 답습하지 않고, 모든 것을 열어놓고 서로 토론하는 '중일 지식공동체 회의'라는 이름의 동아시아 담론의 공동 공간을 실험한다. 이 시기의 활동과 경험을 통해 그녀의 독특한 방법론이 만들어진다. 자신의 '모어(母語)'로 이해할 수 없는 대상에 진입하고자 할 때, 어떠한 태도를 지녀야 하는지에 관한 생각을 전개한다. 그런데 그 방법론이란, 당대 대륙과 달랐던 일본의 학술계를 답습하면서 만들어진 것이 아니다. 오히려 반대로 연구대상에서 쉽게 동질성을 찾아내려고 하거나, 반대로 완전히 대상화하지 않으려고 애쓰는 과정 자체를 중요하게 생각한다고 할 수 있다. 우선, 일본사상가가 당대 맥락을 어떻게 감각하는지 상상해보면서 시작한다. 그러나 연구자로서 자신이 사회(중국)에서 가져온 감각으로 곧바로 연구 대상(일본 사상)을 직관적으로 이해하려고 하는 것을 경계한다. 이러한 '이중의 자리매김'을 끊임없이 인식하면서 어떠한 것도 단번에 알아채지 않고 계속 질문한다. 마침내 스스로의 확신마저 다시 의심하는 과정을 거듭하는 것, 이런 연구자 주체의 유동과 변화를 자신의 방법으로 탐색한 듯 보인다.

이를테면 쑨거는 일본의 근대 정치사상계의 거목인 마루야마 마사오(丸山眞男)[19]와, 다케우치 요시미에 대한 글을 쓰면서, 그 둘의 사유 방법을 비교한다. 마루야마 마사오는 유럽의 이론을 가져다가 일본 상황에 적용함으로써, 일본의 문제를 드러내고 해결하는 방법을 채택했다. 자신을 선구자로 자처했지만, 궁극적으로는 자기 회귀로 귀착된다. 쑨거는 이를 근대성을 다루는 동아시아 학자의 곤경이라고 보았다. 반면 다케우치 요시미는 스스로를 '모순에 처한 사람'으로 규정하고 중국의 루쉰(魯迅)[20]과 자주 비교했다. 그는 현실의 문제를 늘 깊이 껴안고 혼돈 '속'으로 뛰어든 사람이다. 루쉰은 선구자나 책임자라는 자리를 말하지 않고, 동아시아의 운명과 자신 스스로를 겹쳐본다. 정치적 올바름과 객관성마저도 불가능한 것이 당대 동아시아의 현실이기에, 현실의 복잡성을 고려하고 상황에 따라 판단하고 행동해야 한다고 생각했다.

다케우치 요시미와 루쉰은 '비서구에서 근대란 무엇인가'를 고민하면서 서구의 근대 경험, 사유의 유산을 매개하지 않는 공간을 만드는 것이 중요하게 다가왔다. 그를 위해서 자신의 '상황' 속의 질문이 자신을 겹쳐보이는 과정을 통해 비서구의 근대성을 언어화할 수 있는 자원을 길어내고자 했다. 이를테면 다케우치 요시미는 상황과 경험에 따라 자신의 개념과 어휘를 계속 바꾸어 가면서 글을 쓰고 일관되지 않은 행보를 만들어갔다.[21] 때문에 "다케우치 요시미를 둘러싼 평가는 분분하"[22]고, 그 평가는 '상이하고 모순'되어있다고 한다. 다케우치 요시미와 쑨거의 공통적인 방법은 '부정'이었다. 경험하고 확신한 것을 다시 계속 부정하는 과정을 반복하는 것이다. 왜냐하면, 이미 자신은 그 과정을 통해 변모하였기 때문이다. 확신하고 종합하는 것은 고정된 자아뿐이다. 스스로 계속 위치가 변하고 있다는 것을 방증하는 것이 '부정'의 방법이다. 쑨거는 다케우치 요시미로부터 이러한 방법들을 가지고 와서 "어떠한 사조에도 개입한 적이 없"[23]으며, 중국인으로서 일본 사상사를 연구할 때 "이중의 자리매김이 갖는 곤란함에 직면해"[24] 왔다고 이야기한다. 감각, 직관과 경험으로 연구하되 자신이 파악한 것을 진실이라고 확신하지 않고, 대상에 진입하고자 애쓰면서 동시에 거기서 빠져나오는 것을 생각한다. 그리고 상대 문화를 연구하는 이는 쉽게 자신의 '모어 문화'를 퇴로로 생각하며 절대화하는 경향이 있다며, 이를 스스로 인지하며 객관화하고 두 문화를 모두 상대화해야 한다.

    이것은 서구의 문화상대주의와 다르다. 문화상대주의는 보편적인 가치를 상정하고 지역과 차이를 균등한 격자 안에 배치하는 전략에 가깝다. 쑨거의 방법은 '유동하는 상황'을 끊임없이 감각하며 자신도 변화해야 함을 인지하는 것이다.

4   대담의 의의 — 방법으로서의 아시아

인사이드-아웃 미술관에서 이루어진 사카이 나카이와 쑨거의 대화는 '아시아란 무엇인가'라는 주제로 이야기를 나눈다. 특히 초점을 맞추는 부분은 지식 생산, '이론'과 연결한 아시아의 문제이다. 사카이 나오키의 '이론'에 대한 의견은 쑨거가 이 글을 통해 서구로부터 탈환하려는 '보편성'이라는 개념과 공명한다. 즉, 이론은 추상화된 것, 보편적인 것, 역사를 초월한 지식의 집합체를 말한다. 철학이라고 할 수 있고, 과학적 보편성이라고도 할 수 있다. 이와 대립하는 개별 지식은 경험, 사례, 역사, 사건, 지역 등의 개념으로 말할 수 있을 듯하다. 그런데 이런 이론의 형성과 쓰임이 서구와 비서구 아시아라는 지역의 배분과 연결되어 있다는 문제의식이 두 학자의 대담을 이룬다. 이를 위해 아시아의 개념과 이 개념이 역사로 진입해온 과정을 먼저 다룬다. 그리고 보편성과 특수성 사이에 가정된 관계에 관한 질문을 던진다.

　　사카이는 이렇게 우리가 자신도 모르게 그려낸 상상의 지도, 유럽과 거기 더해진 북미를 중심으로 형성된 '서구', 그리고 '아시아'라는 개념이 학술과 이론 안에서는 일종의 환상의 그림이라는 점을 지적했다. 그러나 두 학자는 어렵게 서구라는 구성물을 비판하면서도 동시에 곧바로 아시아 혹은 각 지역의 특수성이나 독자적인 이론을 지지하는 것으로 논의를 이어가는 데는 조심스럽다. 이를테면 쑨거는 일본이 '풍토론' 등을 통해 자신의 역사와 사회구성체의 독자성을 구성할 수 있는 시각을 전개했었다는 점을 이야기한 적이 있다.[25] 그러나 이런 논의가 "이데올로기 차원에서 문제가 많"[26]다는 점도 함께 지적한다. 본 책에서 쑨거가 "내셔널리즘이 양 날의 칼"임을 이야기하는 인도 총리 네루의 연설을 인용하고 있는 것도 같은 맥락이다.

    쑨거는 보편성을 새롭게 창조해내기 위해 보편성과 특수성 그 자체를 정의하기 보다 그 둘의 새로운 관계성을 매개하는 데 관심을 둔다. 이 대담을 통해 그녀가 전개하는 내용이 바로 그러한 방법론이다. 이는 쑨거가 비어 있는 보편성의 자리를 말하기 위해 미국의 지리학자들의 딜레마를 이야기한 것을 나란히 두고 이야기할 수 있다. 어떤 개별 지역의 위치, 날씨 등 각각 다른 지리 정보는 '지리학은 어떠한 목적의 학문이다'라는 보편론보다 훨씬 유용하고 의미 있다. 이 의미 있는 개별 지식을 어떻게 연결하는가를 고민하는 것에서 새로운 '보편성'을 구성할 수 있는 시작점이 생긴다.

    이 대담에서 이러한 보편성의 '매개 기능'에 대해 모더레이터인 캐롤 잉화 루는 질문을 던지는데, 쑨거의 보충 설명은 흥미롭다.

"(새롭게 창조할) 보편성은 미래의 남편과 아내를 하나로 묶는 것이 의무인 중매인과 비슷하다고 말하고 싶습니다. 결혼 후에도 여전히 중매인이 필요한가요? 아니죠? 그러나 중매인의 일을 통해 새로운 공동체가 탄생합니다. 이 매개는 중요합니까? 네. 만약 그것이 존재하지 않는다면, 특별한 것들은 결코 새로운 것을 만들기 위해 모이지 않을 수도 있습니다. 보편성의 중요성은 정확히 그러한 구체적인 특수성의 교차점을 유도하는 기능에 있습니다. 그렇다면 교차점이 생긴 이후에도 특이성은 여전히 특별합니까? 이 질문은 우리를 보편성의 발견으로 이끕니다."
마지막으로 '불협화음의 하모니'라는 새로운
호명을 통해 아시아의 공동체성을 부각하려는
시도가 계속되는 맥락을 짚어보려 한다. 중국의
학자 왕후이는 자신의 인터뷰[27]를 통해 아시아라는
공통 감각을 이야기해야 할 필요를 이야기한다.
우선, 1990년대 말부터 한국 및 동남아시아에서
연속적으로 일어난 IMF 금융위기를 지적한다. 이에
따른 신자유주의 글로벌라이제이션은 가속화되고
있다. 때문에 문화 이론이 계속 지적해온 탈근대,
탈식민 담론 안에서 서구의 대항영역으로 제시된
'지역화' 담론에서 아시아가 어떤 의미 있는 역할을
해야 한다는 주장이 부각된다. 이에 공감하는 많은
아시아의 예술가들은 자신만의 역사적 주체성을
가져야 한다는 명제를 안고 질문한다.

쑨거가 다케우치 요시미를 경유해 말하고자
하는 것은 이러한 주체성을 구성하는 방법이다.
"아마도 그런 것이 실체로서 존재한다고는
생각하지 않습니다. 그러나 방법으로서는, 즉 주체
형성의 과정으로서는 있을 수 있는 것이 아닌가
생각하기 때문에 '방법으로서의 아시아'라는 제목을

붙였지만 그것을 명확하게 규정하는 것은 저로서도 불가능합니다."[28] 실체를 고정하지 않은 주체성을 담고, 아시아는 하나의 '과정'으로 계속 구성되어야 한다고 이야기한다.

    그렇다면 구체적으로 어떻게 실천할 수 있는 것일까? 이렇게 두 학자가 대담하는 자리와 인터뷰 등은 중국, 일본, 대만과 남한 등 각자의 역사적 특수성을 업고 상대의 맥락에 귀 기울이는 상황을 재현한다. 사카이 나오키처럼 서구 내에서 발언하는 학자도 있지만, 대부분은 자신의 지역에서 활동한다는 점을 주목해 볼 만하다. 아시아 지역 내의 협력과 교류를 통해 만들어내는 지역에서의 지식 생산과 서구를 매개하지 않는 상호 참조는 서구 이론을 지역화, 상대화 할 수 있다.

    '불협화음'이라는 의제는 어떤 아시아를 주제로 한 전시보다 적절한 언어로 다양하게 번역될 가능성을 남겨둔다. '화음'이 중요할지 '불협'이 중요할지 맥락에 따라 다르겠지만, 아시아가 유럽과 달리 통합되어 있지 않고, 공동의 지평이 없다는 점을 서로 공유하기 때문이다. 각 지역의 상황에 따라 '아시아'라는 유동적 개념과 관계 맺는 방식도

달랐다. 물론 이러한 불협화음의 협력이 어떠한 목표를 지녀야 한다고 이야기하는 것은 의미가 없다. 다케우치 요시미는 아시아가 서구의 근대 미완의 프로젝트, 즉 민주주의, 평등의 가치를 더 급진적으로 증진하는 일을 전개할 수 있다고 보았다. 동시에 사카이 나오키는 아시아가 서구의 목적론적 근대를 따르는 것을 벗어나야 한다고 이야기하기도 한다. 이러한 불협화음의 대화의 장을 열어 비균질적인 아시아를 계속 드러내는 일, 여기에 이번 대담의 의의가 있다고 할 수 있다.

1. 슈테판 드라이어 박사(주한독일문화원 원장), 『불협화음의 하모니』, 전시 도록(서울: samuso, 2015), 4.
2. 프랑스 미술비평가 필립 뷰어티(Philippe Burty)가 사용한 말로, 19세기 중후반 유럽에서 유행하던 일본풍의 사조를 지칭했다.
3. 어네스트 페놀로사(1853-1908). 미국인으로 하버드대학 졸업 후 일본으로 건너와, 1878년부터 도쿄대학에서 철학을 가르쳤다. 일본에서 최초로 미학을 강의했는데 이때 '미학'이라는 번역어도 처음 사용한 인물이기도 하다. 일본 및 동아시아의 미술품을 수집, 연구하였고, 이런 수집품을 미국의 여러 미술관, 박람회에 적극적으로 소개했다.
4. 오카쿠라 텐신(1863-1913). 미술사가, 미술평론가. 페놀로사와 함께 서양미술사찰을 다녀온 뒤, 도쿄미술학교 설립하고, 일본 미술원을 창설하는 등 근대 일본미술을 만드는 데 큰 역할을 했다. 일본의 미술사연구의 개척자이며, 『동양의 이상』(1903)과 같은 책을 저술하여 아시아의 미와 예술 담론을 형성하는 데 큰 영향을 끼쳤다.
5. 『근대 지의 성립 — 1870-1910년대』, 나리타 류이치 외 지음, 소명출판, p75
6. 1903년『The Ideals of the East With Special Reference to the Art of Japan』이란 제목으로 영국 런던의 존 머레이(John Murray)출판사에서 간행되었다.
7. 영어와 중국어의 2개 언어로 출판되었다. 『Universality and Particularity: What is Asianness? 』/『普遍與特殊: 何爲亞洲性』, Naoki Sakai & Sun Ge, Archive Books, 2019.
8. 『흔적1호 — 서구의 유령과 번역의 정치』, 사카이 나오키 외, 문화과학사, 2001, p135
9. 『유럽 학문의 위기와 선험적 현상학』, 에드문트 후설, 이종훈 옮김, 한길사, 2016
10. 「아시아라는 사유공간」, 『아시아라는 사유공간』, 쑨거, 창비, 2003, p43
11. 「동아시아, 딜레마의 공간 속에서」, 쑨거와 류준필의 대담, 같은 책, p201
12. 「아시아라는 사유공간」, p44
13. 문화대혁명 시기에는 경쟁은 부르주아 엘리트 전유물이라 하면서 대학시험을 폐지했었다.
14. 「가로지르며 걷는 길」, 같은 책, p17
15. 농촌으로 가서 노동자 농민과 함께하는 생활 혁명운동. 같은 책, p48
16. 같은 책, p48
17. 「동아시아, 딜레마의 공간 속에서」, 쑨거와 류준필의 대담, 같은 책, p194
18. 미조구찌 유조(1932-2010). 일본의 중국 사상사 연구자.『방법으로서의 중국』(서광덕, 최정섭 옮김, 산지니, 2016) 등을 썼다.
19. 마루야마 마사오(1914-1996). 정치학자, 근대 정치사상사 연구자로 근대 이후 일본 사회 및 지식계의 큰 영향력을 끼친 인물이다.
20. 루쉰(1881-1936). 중국 현대문학을 대표하는 문학가이자 비평가. 쑨거에게는 다케우치 요시미와 함께 사유의 방법론과 태도를 빌려온 중요한 인물이다.
21. 『사상의 번역-쑨거의 <다케우치 요시미라는 물음> 읽기와 쓰기』,윤여일, 현암사, 2014에 자세히 기술되어 있다.
22. 위의 책, p17
23. 「가로지르며 걷는 길」, 『아시아라는 사유공간』, 쑨거, 창비, 2003, p23
24. 위의 책, p23
25. 와쓰지 테쓰로의 '풍토론'. 「동아시아, 딜레마의 공간 속에서」, 『아시아라는 사유공간』, 쑨거, 창비, 2003, p197
26. 위의 책, p197
27. 불협화음의 하모니 연계 행사로 마련된 인터뷰. (초국가적 사회로서의 아시아에 대한 전망)이라는 제목으로 다음의 웹사이트에서 볼 수 있다. https://www.goethe.de/ins/kr/seo/prj/har/itv/koindex.htm
28. 「방법으로서의 아시아」, 다케우치 요시미, 유용태 옮김, 『동아시아인의 '동양'인식:19-20세기』, 최원식 백영서 엮음, 문학과지성사, 1997, p95

한 시간 총서 7

새로운 보편성을 창조하기

첫 번째 찍은 날: 2021년 10월 11일

지은이: 쑨거
옮긴이: 한윤아
펴낸곳: 미디어버스
편집: 임경용
디자인: 강문식
인쇄 및 제책: 세걸음

미디어버스
출판등록 2007년 2월 8일 (제313-2007-36호)
(03044) 서울특별시 종로구 자하문로10길 22, 201호
전화: 070-8621-5676
팩스: 02-720-9869
전자우편: mediabus@gmail.com
www.mediabus.org

ISBN 979-11-90434-18-8 (04600)
978-89-94027-74-6 (세트)

값 10,000원